L'INTELLIGENCE

DES BÊTES

12 4 6

PAR VICTOR RENDU

Inspecteur général de l'agriculture

PARIS

LIBRAIRIE DE L. HACHETTE ET Cie

BOULEVARD SAINT-GERMAIN, N° 77

1863

Droit de traduction réservé

L'INTELLIGENCE

DES BÊTES

PARIS. — IMPRIMERIE DE CH. LAHURE ET Cie
Rue de Fleurus, 9

PRÉFACE.

Les bêtes ont-elles de l'esprit? Dans leur industrie font-elles preuve de réflexion, de jugement, d'intelligence, ou n'agissent-elles que machinalement? Tout le dix-septième siècle a retenti des disputes que cette question avait soulevées dès l'antiquité; le dix-huitième siècle, à son tour, nous a légué cette longue querelle, devenue moins vive, il est vrai, de nos jours, mais nullement éteinte.

Descartes ne voyait dans les animaux que des machines, de purs automates en qui tout est fatal et entraîné par une force aveugle et irrésistible. Buffon, malgré son génie, ne s'est pas montré moins systématique; il refuse aux bêtes la pensée, la réflexion, la mémoire, et leur accorde seulement la conscience de leur existence actuelle.

Telle n'était pas l'opinion de Montaigne qui affirme que les araignées ont « délibération, pensement et conclusion; » tel n'était pas non plus l'avis de la Fontaine :

Ils disent donc
Que la bête est une machine,

Qu'en elle tout se fait sans choix et par ressorts ;
Nul sentiment, point d'âme, en elle tout est corps.
Telle est la montre qui chemine
A pas toujours égaux, aveugle et sans dessein.
Ouvrez-la, lisez dans son sein :
Mainte roue y tient lieu de tout l'esprit du monde;
La première y meut la seconde ;
Une troisième suit, elle sonne à la fin.
Au dire de ces gens, la bête est toute telle....

Aux hypothèses du philosophe, le poëte de la nature oppose les faits. La Fontaine a raison. La question si délicate de l'instinct et de l'intelligence des animaux n'est point du ressort de la métaphysique, c'est une question de faits qu'il faut rapprocher, comparer.

Trois causes principales semblent le mobile de toutes les actions des bêtes : la faim, la continuation de l'espèce, le sentiment de leur propre conservation et de celle de leur postérité.

L'animal, poussé par ses besoins ou ses désirs, met en jeu ses organes, va droit à son but, sans tâtonnement, sans hésitation, et l'atteint par des moyens peu compliqués : voilà l'instinct; il est ce qu'il sera toujours, sûr et fidèle; partant, il ne se perfectionne pas. Mais, de ce que l'animal n'invente pas au delà de ses besoins, il ne faut pas conclure qu'il ne modifie pas ses opérations, et que l'invention lui soit à jamais refusée. Il y a entre l'homme et les animaux des facultés communes. Nous possédons, comme eux, l'instinct qui agit involontairement, d'une manière irréfléchie ; comme nous, ils ont des sensations, ils les combinent et en tirent des rapports; ce n'est plus à une impulsion forcée qu'ils obéissent, c'est par le secours de l'intelligence qu'ils agissent; seulement, cette intelligence, d'un genre spécial, ne dépasse pas, chez eux, les bornes des objets sensibles et raisonne uniquement sur des idées particulières, tandis que dans l'homme elle se replie sur elle-même, embrasse les idées générales et se connaît.

Dans la classe des insectes, l'abeille abandonnant la forme générale de ses alvéoles hexagones, afin de ménager, par des cellules pentagones, de plus larges bases à ses fondations; l'abeille changeant la direction générale de ses rayons pour combler un vide accidentel; soutenant, au besoin, par des contre-forts, la partie chancelante de son édifice ; la fourmi détruisant une bâtisse ébauchée sur un plan fautif, pour la réédifier dans de meilleures conditions, et tant d'autres exemples de modifications apportées par les insectes à leurs travaux, selon les circonstances et la disposition des lieux, attestent qu'ils comparent et réfléchissent, qu'ils font acte d'intelligence. Il y a donc chez les bêtes, indépendamment de la force aveugle qui les meut, un principe de perfectibilité circonscrit, toutefois, dans la sphère de leurs besoins, et qu'il ne faut nullement assimiler à la raison de l'homme.

Cette thèse de l'intelligence des animaux, Aristote

l'a soutenue dans l'antiquité; Leibnitz, Réaumur, Bonnet, Pierre et François Huber, l'ont reprise contre Descartes, Buffon et Condillac. De quel côté se trouve la vérité? On le saura le jour où l'histoire naturelle, sans délaisser ni l'observation anatomique, ni la classification, portera ses forces, de la partie scientifique, maintenant si avancée, sur l'étude des mœurs des animaux qui laisse encore tant à désirer.

Partisan des idées de Réaumur et des deux Huber sur l'intelligence des animaux, j'ai puisé ma conviction dans leurs immortels ouvrages; les nombreux emprunts que je leur ai faits, montrent jusqu'où peut s'élever le génie de l'observation; peut-être aussi, contribueront-ils à populariser la science de ces grands maîtres : tel est le but de ce livre. Dans cette étude toute spéciale, l'auteur n'a fait intervenir que les insectes, et, parmi eux, quelques-uns seulement des plus industrieux : les guêpes et les bourdons, les abeilles et les fourmis. Guêpes et bourdons montrent la part qui revient à l'instinct agissant presque seul; abeilles et fourmis forment le fond du tableau, et revendiquent le degré d'intelligence qu'on ne peut leur refuser après l'examen attentif des faits.

Aux Berruères, le 15 octobre 1862.

LES GUÊPES

LES GUÊPES.

Plurima mortis imago.
VIRGILE.

Les guêpes ont une réputation détestable, à quoi bon le nier? Tout le monde ne sait-il pas qu'elles forment une race de brigands, toujours armés en course, sans cesse rapinant, pillant, tuant, ne reconnaissant d'autre mobile que celui de l'appétit, ni d'autre droit que le droit du plus fort. Le dard empoisonné qu'elles portent avec elles, n'est pas, comme chez l'abeille, un simple moyen de défense, protecteur du foyer et de la sûreté personnelle; c'est une arme offensive qu'elles sont toujours prêtes à dégainer, un instrument de tyrannie et de mort dont elles font un continuel abus. Leurs mœurs belliqueuses sont féroces, odieuses. Elles dépeuplent les ruchers, ravagent les jardins, entament nos fruits, choisissent, de préférence, les plus mûrs et les plus savoureux, et viennent effrontément jusque sur nos tables prélever la dîme de nos mets : elles semblent n'exister que pour nuire. Cependant tout n'est pas mauvais en elles. Quoique fort irritables par tempérament, elles ont rarement les premiers torts vis-à-vis de nous, n'attaquent jamais sans avoir été provoquées, et ne font usage de leurs armes que par voie de représailles. Quelques bonnes qualités plaident même en leur faveur. C'est ainsi qu'on ne peut s'empêcher d'admirer leurs républiques si bien organisées, et leur architecture, modèle de patience, d'industrie et de fantaisie artistique ; il y a plus, leur instinct de chasseurs, l'harmonie qui règne entre elles, les soins et la tendresse qu'elles déploient dans l'éducation de leurs petits, l'affection pour leur nid qu'elles n'abandonnent jamais, quelque désordre qu'on y apporte, en font une tribu à part d'insectes dignes, par certains côtés, d'entrer en parallèle avec la nation ingénieuse des abeilles, et qui méritent toute l'attention du naturaliste.

Les guêpes proprement dites, auxquelles il faut aussi rapporter les polistes, vivent en sociétés plus ou moins nombreuses, composées de femelles, de mâles et de neutres ou ouvrières : ces dernières, examen fait, ne sont que des femelles privées d'ovaires ; leur nombre, dans chaque guêpier, excède, de beaucoup, celui des mâles et des femelles pris ensemble. De même que chez les abeilles, les neutres sont chargés des principaux travaux ; mais des occupations différentes distinguent les deux genres d'insectes. La guêpe femelle, moins privilégiée que la mère abeille, ne passe pas sa vie en reine, uniquement occupée à pondre et à recevoir les hommages de ses sujets ; toujours elle a le soin des larves ; elle doit même, pendant un certain temps, travailler seule à la construction de l'édifice, et pourvoir à sa nourriture ainsi qu'à l'entretien de sa lignée. Il n'est pas jusqu'aux mâles qui n'aient aussi leur tâche à remplir. Ils ne sont ni maçons ni corsaires ; mais, indépendamment de leur rôle essentiel de reproducteurs, ils ont les menus emplois dans leurs attributions : ils veillent à la propreté intérieure de l'habitation, en enlèvent tous les débris et les immondices, et la débarrassent des cadavres qui s'y trouvent : ce sont les croque-morts de la cité. Si le cadavre est trop lourd pour les forces d'un seul mâle, plusieurs se joignent à lui pour ce convoi funèbre ; s'il n'a pas d'aide sous la main, il coupe la tête du défunt et l'emporte, en deux voyages, hors du guêpier.

Les guêpes sont aisées à reconnaître à leur corps ellipsoïde, oblong, tronqué en devant, élégamment suspendu au corselet comme par un fil : leurs yeux échancrés, leurs antennes coudées, plus grosses vers le bout, et leurs ailes supérieures doublées, achèvent de les caractériser. Une lèvre charnue et très-flexible, tantôt s'évasant au point de devenir plate, tantôt s'infléchissant de diverses façons ou se pliant en deux dans le sens de la longueur, leur sert à lécher les fruits et les liqueurs ; elle fait l'office d'une main propre à détacher des parcelles des corps solides, et tient lieu, en même temps, d'une langue pour conduire les aliments à leur destination. Deux mandibules, presque aussi larges que longues, obliquement tronquées à l'extrémité et garnies de dentelures, les aident à vaincre la résistance des matières trop dures pour céder à l'action de la lèvre supérieure ; un aiguillon, analogue à celui des abeilles, mais beaucoup plus grand, puisant pareillement un liquide empoisonné dans une poche placée à sa base, complète l'armure formidable des femelles et des ouvrières : les mâles en sont dépourvus.

Les guêpes, d'une nature irritable et d'un mauvais caractère, prennent feu d'autant plus vite, que la température est plus élevée. Elles ne se contentent pas d'infliger une piqûre à celui qui les moleste, elles s'acharnent après l'agresseur et le poursuivent à de longues distances, sans se laisser détourner de leur vengeance : les mains, les jambes, la tête, les différentes parties du corps, tout leur est bon, pourvu qu'elles assouvissent leur colère. A la pointe du jour et à l'entrée de la nuit, par une température basse, elles sont moins redoutables qu'en plein jour et par un temps chaud ; la pluie les plonge dans un engourdissement voisin de la torpeur, et les premiers froids de l'automne, en leur enlevant toute leur énergie, les rendent à peu près inoffensives : de simples mouches entrent alors impunément dans leur domicile. C'est sans doute à l'aide de ces circonstances que certains insectes se faufilent dans leurs repaires, et déposent dans leurs cellules le germe d'un parasite qui croîtra côte à côte avec les petits, vivra de leur propre substance, dévorera les larves, et servira ainsi de contre-poids providentiel pour contenir, dans de justes limites, ces effroyables légions de malfaiteurs.

Tant qu'elles trouvent des fruits à ronger et sucer, les guêpes, naturellement omnivores, montrent un grand faible pour toute substance sucrée ; elles se nourrissent comme les mellifères, choisissent les fleurs les plus petites et les moins profondes, et en lèchent le nectar. Mais, quand cette ressource vient à manquer, elles vivent de proie vivante et de chairs mortes. La nécessité éveille en elles l'instinct carnassier qui sommeillait, circonstance atténuante dont il faut leur tenir compte, sous peine d'injustice. « Ventre affamé n'a point d'oreilles, » a dit la Fontaine: quoi d'étonnant que les guêpes, poussées par la faim, fassent une guerre acharnée aux insectes? les humains ne se la font-ils pas souvent pour de moindres prétextes? Par un beau soleil, elles volent, de fleur en fleur, en quête d'abeilles, de mouches ou de papillons. Elles leur donnent aussi la chasse au vol; chacun, alors, de chercher à échapper au pirate par une adroite manœuvre. Le papillon poursuivi se laisse choir de côté, la guêpe qui l'a manqué ne revient pas à la charge; abeilles et mouches forcent de voiles, mais beaucoup succombent dans cette lutte inégale. Si la bestiole est minime, la guêpe la mâche tout entière et en fait une boule avec laquelle elle s'envole; la pièce est-elle volumineuse? en un clin d'œil, du tranchant de ses mandibules, elle la décapite, coupe ailes et pattes, emporte le tronc, s'arrête sur une plante, se pend par les pattes postérieures, triture le corps de sa victime, en fait une espèce de maillot, le loge entre ses jambes et gagne son nid à tire-d'ailes : que d'insectes ne détruit-elle pas ainsi chaque année! Quelquefois les guêpes assiégent les boucheries, se jettent sur les viandes étalées, particulièrement sur le foie et les autres glandes, se gorgent de leurs sucs, puis, détachent des lambeaux de chair; arrivés au guêpier, ces déprédateurs si cruels font acte d'entente fraternelle édifiante; ils distribuent leur butin aux mâles, aux femelles et même aux ouvrières qui n'ont pu faire campagne : la répartition a lieu à l'amiable, sans querelles ni combats.

L'instinct social et l'amour pour la progéniture, qui retiennent les abeilles dans leur ruche, fixent aussi les guêpes au fond de leur retraite. Toutes les espèces vivant en société, se construisent des nids de forme et de grandeur variables, mais présentant beaucoup d'analogie quant à la matière première dont ils sont fabriqués. Celle-ci consiste en fibrilles ligneuses. La guêpe les détache fort habilement avec ses mandibules des bois en train de se décomposer; elle les divise, les met en charpie, et les pétrit en une pâte semblable à celle du papier ou du carton : sa couleur dominante est gris cendré. Des cellules de même substance, plus petites pour les ouvrières, plus grandes et plus profondes pour les mâles et les femelles, en nombre plus ou moins considérable, suivant l'importance des sociétés, s'étagent par gâteaux, et remplissent l'intérieur de chaque nid; une enveloppe commune, également papyracée, le protége, ordinairement, à l'extérieur.

Avant de construire, les guêpes disposent d'abord une certaine quantité de pâte près de l'endroit qu'elles ont choisi pour leur domicile. Celle qui a trouvé une bonne pièce de bois à déchiqueter ne s'y installe pas seule, d'autres se joignent à elle; l'exploitation se fait en commun, bien que chacune travaille de son côté. La couleur de la matière employée détermine celle de chaque bande de l'enveloppe; la même guêpe n'apporte pas toujours de la pâte de même couleur, mais toujours elle l'applique à la suite des matériaux de couleur semblable, de sorte qu'une même bande n'est jamais panachée; souvent, au contraire, on rencontre des guêpiers de diverses couleurs quand leurs bandes proviennent de différentes espèces de bois, plusieurs même semblent zébrés lorsque l'alternance de coloration est fréquente.

Chaque espèce de guêpe choisit un emplacement particulier pour son nid. Les unes, sans souci des injures de l'air, le suspendent aux branches des arbres; d'autres le mettent à l'abri sous un toit; plusieurs l'attachent aux poutres des greniers peu fréquentés ou le cachent dans de vieux murs, dans des troncs d'arbres cariés; quelques-unes, enfin, l'enfouissent sous terre.

L'accouplement s'opère sur le nid même où mâles et femelles sont nés; une seule fécondation paraît suffire pour toute la vie des femelles : à partir de ce moment, et pendant toute la saison rigoureuse, les œufs dorment d'un sommeil hibernal dans leur corps.

La ponte commence au printemps et se continue jusqu'à la fin de l'été. Chaque cellule ne reçoit qu'un seul œuf; il est blanc, transparent, de forme oblongue, d'inégale grosseur à ses extrémités, et de volume différent, selon qu'il doit en sortir un mâle, une femelle ou une ouvrière. Les œufs d'ouvrières sont les premiers pondus, attendu que les neutres constituent, comme chez les abeilles, la partie agissante de la société, et, qu'à peine parvenus à l'état d'insectes parfaits, ils auront à aider la mère guêpe dans ses travaux de construction et de chasse, qui lui incombent seulement alors qu'elle fonde un établissement. Ces œufs occupent des gâteaux distincts, et ne se trouvent jamais parmi ceux de mâles et de femelles qu'on rencontre souvent entremêlés sur le même rayon, bien que toujours placés, chacun, dans des cellules séparées.

Huit jours après la ponte, l'œuf donne passage à une larve apode beaucoup plus grosse que sa coque, et dont la tête laisse déjà apercevoir deux mandibules bien accusées. L'insecte passe environ trois semaines sous ce premier état. Les aliments destinés à son entretien sont triturés et moulés ensuite en boule, la guêpe les passe et repasse entre ses mandibules et les présente sous cette forme arrondie aux larves, qui s'en emparent avidement ; la mère et les neutres les nourrissent comme les oiseaux leurs petits, en leur donnant la becquée. Le même manége se répète à chaque alvéole. Au fur et à mesure de son développement, la larve circonscrit de plus en plus le vide de sa cellule; quand elle en remplit toute la cavité, l'époque de son second changement est arrivée. Elle n'a plus besoin de nourriture, elle y renonce, se cloître, tapisse les parois internes de son logis d'une membrane soyeuse, et ferme l'orifice de sa cellule d'une calotte sphérique, blanchâtre, faisant corps avec le tissu même dont elle s'est doublée, et qui déborde à l'une de ses extrémités : quelques heures suffisent à sa confection ; elle est bombée pour les cellules d'ouvrières et de femelles, plate dans les alvéoles de mâles.

La reclusion à laquelle se condamnent les larves, et les précautions dont elles s'enveloppent, en prévision d'un danger extérieur, ne durent pas plus de huit ou neuf jours. Au bout de ce temps, elles sortent de leur état de nymphes, se dépouillent, ainsi que les abeilles, de la membrane qui tenait leurs organes emmaillottés, et se montrent sous leur dernière forme, celle d'insecte parfait. Cependant, elles ne jouissent pas encore de leur liberté. Il est vrai, l'œuvre la plus difficile est faite, la tunique gît au fond de la cellule, mais les barreaux de la prison subsistent encore ; il s'agit de les enlever. La guêpe, suivant l'espèce à laquelle elle appartient, tantôt ronge avec ses dents les bords du couvercle de la cellule qui la tient renfermée, et, cette opération une fois achevée, fait sauter l'opercule d'un seul coup de tête ; tantôt, ainsi que le pratiquent les frelons, elle lime son couvercle par le milieu, y fait un trou et l'agrandit jusqu'à ce que son corps puisse y passer ; libre et radieuse, elle se lance dans la vie active, la société possède un travailleur de plus.

Dans les premiers moments de cette espèce de seconde naissance, la guêpe est un peu plus pâle que ses compagnes ; elle reste d'abord au guêpier et profite du butin qu'y apportent les chasseurs ; mais son tour arrive de prendre part aux excursions et aux courses aventureuses du dehors ; le grand air, l'exercice, une nourriture substantielle, ne tardent pas à effacer les traces de sa première apparition au soleil, ses couleurs prennent plus d'intensité : il est bientôt impossible de la distinguer des anciennes habitantes du nid.

Les berceaux d'où les jeunes guêpes ont pris leur essor ne restent pas longtemps à l'état de logements vacants. Ils ne sont pas plutôt abandonnés, qu'une ouvrière visite la cellule, enlève tous les débris qu'elle contient, la nettoie de fond en comble et la met en état de recevoir une nouvelle génération : la mère y pond presque aussitôt après que ces dispositions préliminaires sont terminées.

Depuis le mois de juin jusqu'à la fin d'août, c'est-à-dire pendant presque tout l'été, saison de la grande ponte et de l'éducation des larves, la guêpe femelle, en bonne mère qu'elle est, ne quitte guère l'intérieur du nid. On ne la voit au dehors que dans les mois de septembre et d'octobre, et, quelque peu aussi, au printemps ; le reste du temps, les soins de la famille l'absorbent tout entière, et, certes, il ne lui est guère permis de chômer. On la nourrit, il est vrai, aux frais du trésor public, c'est-à-dire que les pourvoyeuses lui font part généreusement de leurs captures ; mais, tandis qu'elle dépose ses œufs dans chaque cellule respective, il n'en faut pas moins, dans les nids bien peuplés de certaines espèces, donner, plusieurs fois par jour, la becquée à dix ou douze mille affamés. Comment répondre, à la fois, à tant de bouches béantes, réclamant leur nourriture par le jeu expressif de leurs mandibules? A coup sûr, la mère n'y suffirait jamais, malgré son activité et son dévouement, si les neutres ne lui venaient en aide : de violents chasseurs qu'ils sont par tempérament, ils se font nourrices tendres et zélées pour soulager, dans sa tâche, la mère de tout ce peuple. C'est ainsi que chacun, concourant à la prospérité commune selon la mesure de ses forces et de ses attributions, la cité s'élève, se remplit d'habitants et se prépare des successeurs qui, sous l'impulsion du même instinct, en agiront un jour de même à l'égard des individus d'une autre société.

L'ordre le plus parfait et l'entente la plus cordiale, à part quelques incidents de peu d'importance, ne sont jamais troublés dans les nids de guêpes. Si la guerre, et la guerre la plus brutale, semble l'état habituel et comme l'élément naturel de ce peuple belliqueux, s'il a sans cesse maille à partir, au dehors, avec les étrangers, en revanche, dans l'intérieur du logis, tout est travail paisible et affection mutuelle. Un guêpier serait presque l'emblème de la paix et de la concorde, si, de temps en temps, et pour des causes encore inconnues, des disputes, suivies de combats, ne s'élevaient, soit de mâle à mâle, soit entre les ouvrières qui, vraiment, ont bien autre chose à faire que de se chamailler; heureusement, leurs combats ne sont jamais meurtriers, jamais on n'y voit de ces attaques, de royaume à royaume, comme il en existe ailleurs; la famine n'entraîne pas les guêpes au désordre; chez elles, on meurt bravement de faim, on ne pille jamais.

Leur gouvernement, du reste, explique très-bien la douceur de leurs mœurs publiques.

Parmi les guêpes, point de despotes; personne ne règne ni ne gouverne; chacun vit librement dans une cité libre, sous la seule condition de n'être jamais à charge à l'État. Tous agissent de concert, sans priviléges ni monopoles, sous l'influence d'une loi commune, la grande loi du bien public, dont nul n'est dispensé : à coup sûr, ce gouvernement-là vaut bien celui des humains; n'est-ce pas la meilleure des républiques?

Et cependant, comme tous les empires, même les plus prospères, et qui semblaient les mieux assis, la république des guêpes doit finir : sa décadence et sa chute sont rapides. L'automne renverse ce peuple au moment de son apogée, lorsque la gent ouvrière est florissante, que les mâles, en nombre à peu près égal à celui des femelles, ont pris leurs ailes et travaillent à la propagation de l'espèce. A peine les premiers froids se sont-ils fait sentir, les guêpes ne songent plus à nourrir leurs petits; toutes les larves qui, à cette époque fatale, n'ont pas encore fermé leurs cellules, sont vouées à l'extermination; les ouvrières et les mâles, érigés en grands justiciers, les arrachent de leurs berceaux, sans distinction d'âge ni de sexe, ils les tuent, les rongent près de la tête et les jettent hors du guêpier : les nymphes ne sont pas plus épargnées. On dirait que les guêpes pressentent que, bientôt, la saison rigoureuse ne leur permettra plus de les nourrir, elles les massacrent pour qu'elles n'aient pas à périr de misère et de faim. En cela, du reste, elles ne font que devancer, de peu de jours, le terme naturel de leur existence; elles-mêmes ne tarderont pas à périr. Les guêpes, en effet, confinées dans leur gîte par le mauvais temps, n'ayant aucune provision chez elles, sont d'abord obligées de faire diète ; bientôt la diète devient jeûne et jeûne atroce, car, se prolongeant pendant des semaines, et même des mois entiers, il épargne à peine quelques estomacs, parmi les plus robustes; la gelée leur évite une longue et cruelle agonie.

Les ouvrières périssent les premières et meurent toutes, sans exception, ainsi que les mâles, dès que le thermomètre descend à plusieurs degrés au-dessous de zéro; quelques femelles, seules, résistent et traversent l'hiver dans un état voisin de l'engourdissement, et sans prendre la moindre nourriture. Au printemps, de tout cet édifice qui a coûté tant de peine à construire, de toute cette population, naguère si nombreuse, si animée, il ne reste plus qu'une habitation déserte; le froid, la faim, la mort en ont fait une solitude silencieuse. Le guêpier, entièrement abandonné, n'a servi qu'une année. On n'y voit plus une seule guêpe; tout ce qui a échappé à la ruine, s'est séparé et a dit un dernier adieu à la commune patrie; *fuit Ilium!* Chacun s'en est allé, nouvel Énée, à la recherche d'un lieu propice, pour jeter les fondements d'une autre république qui passera, à son tour, par les mêmes vicissitudes.

Ces mœurs des guêpes, considérées d'un point de vue général, se retrouvent, sauf de légères variantes, dans toutes les espèces de cette famille; plusieurs, cependant, telles que le frelon, le poliste français, la guêpe cartonnière de Cayenne et notre guêpe germanique, présentent certaines particularités curieuses à signaler.

Les frelons (*vespa crabro*), de *couleur fort tannée*, suivant la Fontaine qui leur applique cette enseigne, ne peuvent, à cause de leur taille gigantesque, être confondus avec aucune autre espèce de notre pays. Ils vivent en sociétés peu nombreuses et logent leur nid à l'abri du vent et de la pluie, tantôt dans un grenier, tantôt dans le trou d'un vieux mur, le plus souvent dans le creux d'un arbre vermoulu. Leur instinct à découvrir l'arbre ruiné sous les apparences de la vie ne se trompe jamais; ils perforent le bois sain pour arriver dans l'intérieur en voie de décomposition, et se contentent, jusque-là, d'y ménager un simple trou donnant passage à un seul frelon à la fois. A force de détacher des parcelles du bois prêt de tomber en poussière, ils achèvent l'œuvre de destruction commencée par le temps, vident le tronc carié par le trou dont ils l'ont percé, pratiquent une grande cavité dans ses flancs et y fixent leur domicile. L'écorce sèche des menues branches du frêne, du peuplier, du bouleau, du saule, leur fournit les matériaux de leur nid ; ils en broient la partie fibreuse avec leurs mandibules, l'imbibent d'un suc visqueux et en composent une pâte qui se durcit après sa mise en œuvre. Le bois pourri qu'ils ont rongé entre aussi dans la composition du guêpier et sert à tapisser les vides ; le trou d'entrée est toujours obstrué de couches papyracées qui réduisent sa circonférence au strict nécessaire, sans gêner néanmoins la sortie. Un premier pilier, très-solide, constitue la base de l'édifice ; il occupe la partie la plus élevée de la voûte du nid et sert de support à une espèce de calotte qui fait office d'enveloppe.

En dedans de cette voûte, à l'endroit même où descend le premier pilier, la guêpe frelon en pose un autre qui semble n'être que la continuation du premier et forme le point d'attache ou la base du premier gâteau de cellules. Celles-ci, à les envisager chacune isolément, forment autant d'étuis, concaves en dedans, convexes en dehors, enveloppant la larve de toutes parts ; leur ouverture est tournée en bas, ainsi que dans tous les guêpiers.

Le rudiment du nid est à peine ébauché, que la femelle vient y pondre des œufs de neutres ; elle continue ses constructions, mais l'édifice ne prend une véritable extension que lorsque les ouvrières, devenues insectes parfaits, aident la mère fondatrice à bâtir d'autres cellules : de nouveaux œufs y sont déposés ainsi que dans les alvéoles vides qui ont servi de premiers berceaux. La fécondité de la femelle change à chaque instant la physionomie du guêpier ; la population s'accroît rapidement ; bientôt l'habitation devient trop étroite, il faut multiplier les logements ; les neutres, alors, agrandissent l'enveloppe générale du nid et le gâteau. Ce dernier est conduit jusque près de l'enceinte du guêpier ; dès qu'il longe cette limite, les ouvrières se remettent à l'œuvre, un autre gâteau est en chantier, elles l'attachent au premier à l'aide d'un ou de plusieurs piliers. La construction de tout l'édifice ne se poursuit pas autrement. A la fin, l'enveloppe est terminée, de nouveaux gâteaux la remplissent ; le guêpier, dès lors, mesure environ trente-deux centimètres de diamètre et ne communique plus, à l'extérieur, que par une seule ouverture correspondant à un trou unique : c'est la porte par laquelle les guêpes entrent dans leur nid. Les guêpiers logés sous des toîts ont souvent la forme d'une poire allongée, leur enveloppe très-celluleuse est, parfois, garnie de goulots.

En automne, il n'est pas rare de rencontrer des frelons, mâles et femelles, sur les arbres d'où suintent des liqueurs acides ou sucrées ; c'est leur dernier banquet, leurs jours sont comptés ; ils ne retourneront plus au nid et erreront à l'aventure, comme de malheureux proscrits, jusqu'à ce que les premiers froids les achèvent : leur société n'y résiste pas. La population entière de ces guêpiers n'excède pas deux cents individus.

Une espèce, beaucoup plus petite que le frelon, assez répandue en France, le poliste français (*polistes gallicus*), n'emploie pas tant de façons pour bâtir son nid. Celui-ci ressemble à un petit bouquet papyracé, d'un gris terne, et composé d'une vingtaine ou d'une trentaine de cellules groupées en cercle ou en éventail, dont les latérales, de moindre dimension que les autres, s'échelonnent en étages : c'est moins un gâteau qu'un faisceau d'alvéoles convergeant vers le pétiole, leur centre commun. L'insecte le fixe sur le rameau d'une plante ou l'applique contre un mur, au moyen d'un lien épais et presque horizontal. Aucune enveloppe ne le défend; la pluie, cependant, n'y pénètre pas. D'une part, le nid est enduit d'un vernis imperméable que la guêpe applique en frottant et refrottant ses différentes parties avec sa bouche; de l'autre, sa position est oblique ou verticale, et les cellules regardent le nord ou le nord-est, points de l'horizon d'où soufflent les vents secs; les cellules périphériques les plus élevées sont seules mouillées; mais il est à noter, qu'en général, elles sont simplement ébauchées et ne contiennent jamais ni larves ni nymphes. D'après Lepelletier de Saint-Fargeau, le poliste français fabriquerait du miel comme les abeilles; ce naturaliste l'a trouvé, dit-il, excellent.

La guêpe cartonnière de Cayenne (*polistes* aujourd'hui *chartœgus carthuarius*) bâtit tout autrement que notre poliste; son travail est celui d'un artiste consommé, il n'a peut-être pas son pareil dans la classe des hyménoptères, d'ailleurs si industrieuse.

Son nid a quelquefois plus de cinquante centimètres de longueur; il représente une sorte de boîte, tantôt conique, tantôt cylindrique, le plus souvent arquée, fabriquée avec un carton d'une finesse, d'un poli et d'une blancheur extraordinaires. Il a la forme d'une cloche plus ou moins allongée, plus ou moins évasée, sans autre ouverture qu'un petit trou circulaire placé au centre du plan inférieur, lequel forme un couvercle convexe. Dans sa situation normale, il pend verticalement à une branche d'arbre et y adhère fortement et sans pivoter, au moyen d'un anneau de substance papyracée situé à la partie supérieure. L'intérieur du nid est occupé par un certain nombre de gâteaux distribués par étages horizontaux, comme ceux des autres guêpiers, mais aucun pilier ne les soutient; ils pendent directement aux parois de la boîte : les reliefs circulaires qu'ils dessinent à sa surface, aux points de réunion, permettent de les distinguer facilement. « L'union de chaque gâteau avec la boîte est si parfaite, dit Réaumur, qu'il semble que le guêpier entier ait été fait d'une pâte fluide jetée en moule, et que la boîte et les gâteaux soient venus d'un seul jet. » Chaque gâteau figure une calotte dont la partie convexe est en-dessous, mais s'allonge en pointe vers le sommet; au lieu d'être arrondie, sa forme est celle d'un entonnoir très-écrasé. Le sommet est percé d'un trou servant de porte extérieure et unique. Tous les trous ne se trouvent pas sur une même ligne verticale et centrale, immédiatement au-dessous les uns des autres; quelquefois le trou du gâteau le plus élevé est placé dans l'axe du guêpier, et le dernier trou avoisine souvent les parois de la boîte; dans ce cas, les trous intermédiaires occupent une position médiane à celle des deux trous des extrémités : les guêpes cartonnières n'en ont pas moins toute facilité pour se rendre d'une extrémité à l'autre du nid, ou gagner l'un des rayons.

Tous les gâteaux sont fabriqués sur le même moule : leurs cellules occupent la partie bombée, c'est-à-dire la face inférieure; l'insecte, avant d'entreprendre la construction des alvéoles, établit d'abord le plancher ou le fond du gâteau, qui les porte; il en résulte que chaque gâteau sert à la fois de plancher et de plafond ; tous ont la même convexité que le couvercle final qui ferme le guêpier.

En voyant un travail si compliqué et si parfait, on se demande pourquoi la guêpe cartonnière de Cayenne n'est pas plus généralement connue, et pourquoi, dans l'art de bâtir, elle n'est pas placée au premier rang, ou, tout au moins, à côté de l'abeille. A ne comparer que l'excellence de l'œuvre des deux artistes et la somme des difficultés surmontées, on serait presque tenté de donner la préférence à la première, le miel et la cire, bien entendu, mis de côté dans cette question de préséance. «L'abeille, tout habile architecte qu'elle soit, ne bâtit pas sa demeure, elle ne fait que la meubler, » dit Latreille. Il faut que la nature ou la main de l'homme lui prépare l'édifice où elle établira ses ateliers ; les matériaux qu'elle met en œuvre sont faciles à rencontrer et se façonnent sans peine ; son ouvrage, en fin de compte, est fragile, de peu de durée et ne saurait braver les injures du temps. Quel contraste avec la guêpe cartonnière! Pour elle, ni l'homme ni la nature n'ont rien fait. Depuis la première assise de son édifice jusqu'au couronnement, tout est son œuvre personnelle. La matière première de sa construction, il la lui faut d'abord arracher aux arbres, à coups de mandibules; puis, elle doit la hacher, la broyer, la triturer et la pétrir pour en faire un carton imperméable, qui résiste au vent, à la pluie, au soleil. Que d'efforts et quelle peine! surtout quand on songe que le pauvre insecte n'a d'autre instrument que sa bouche; l'intérieur de son nid d'ailleurs ne le cède en rien aux merveilles de la ruche. Le parti que nous tirons des trésors de cette dernière, tandis que le labeur de l'autre est pour nous sans profit, serait donc, en définitive, le seul motif déterminant de notre prédilection pour les abeilles: qui vit au loin est souvent méconnu.

La guêpe germanique (*vespa germanica*) est une des plus communes parmi nos espèces d'Europe. En France, elle se rencontre partout; elle pénètre jusque dans l'intérieur de nos maisons, et nous infeste surtout à l'époque de la maturité du raisin.

Cette espèce fait son nid en terre. Ainsi que toutes ses congénères qui cachent leur forteresse dans le sol, ses yeux s'étendent jusqu'à la base des mandibules, tandis que les espèces qui placent leur nid au-dessus de terre, présentent toujours un espace libre entre ces organes. La guêpe germanique est une mineuse de premier ordre. Elle perce et remue la terre avec tant d'habileté et de prestesse, qu'une seule femelle déblaye des trous de quarante centimètres de profondeur sur un diamètre de plus de trente-trois centimètres. Ferme-t-on avec de la terre l'entrée de sa demeure? Quelques heures après elle l'a rouverte à l'aide seulement de ses mandibules, ou bien elle s'échappe de prison par d'autres ouvertures pratiquées plus loin. Une galerie, presque toujours oblique, de deux à trois centimètres de diamètre, d'une longueur variable, selon que le nid est plus ou moins rapproché de la surface, conduit au guêpier, véritable cité souterraine, bâtie avec art, percée de nombreuses voies de communication, fortement peuplée et défendue par un mur d'enceinte d'une grande épaisseur : ce mur n'est autre que l'enveloppe du guêpier où s'accomplissent mystérieusement les actes principaux de la nation.

Sa configuration la plus ordinaire est celle d'une boule; toutefois, un guêpier qui remplit une cavité ne saurait avoir la régularité mathématique qu'affecte le nid des guêpes qui bâtissent en plein air. Tandis que celui-ci ne s'écarte jamais des principes d'une loi fixe et immuable, l'autre est subordonné à tous les accidents du trou qu'il occupe, sa forme se modèle en quelque sorte sur les contours du souterrain. La guêpe rencontre-t-elle un obstacle à son œuvre dans des pierres ou des racines? elle les contourne, sans plus s'en inquiéter; la configuration extérieure de son nid présentera donc, selon les circonstances, tantôt une sphère plus ou moins parfaite, tantôt des angles plus ou moins nombreux qu'on serait tenté de regarder comme un effet du caprice de l'insecte ou comme un jeu du hasard, mais qui, en réalité, répètent seulement les irrégularités du terrain excavé.

La couleur du nid de la guêpe germanique est grisâtre, sa consistance analogue à du papier, ou mieux, à du carton très-léger; son diamètre de trente-cinq à quarante centimètres. Sa surface moutonnée, semblable à un amas de coquilles bivalves posées les unes sur les autres et ne présentant que leur côté convexe, est percée de deux trous ronds; l'un sert de porte d'entrée et l'autre de porte de sortie : tous deux ne laissent passer qu'une seule guêpe à la fois. Le nid proprement dit se compose de quinze ou seize gâteaux, de même substance que l'enveloppe, parallèles les uns aux autres et à peu près horizontaux ; ils forment comme autant de planchers distribués par étages, soutenus, dans l'intervalle qui les sépare, par de nombreux piliers, et portant un grand nombre de cellules papyracées assez lâches de tissu, où ne se trouvent jamais ni miel, ni cire, ni pollen : celles-ci servent uniquement de berceau, les larves s'y tiennent presque droites.

L'épaisseur des gâteaux répond à la profondeur des cellules et est en rapport avec le volume des trois sortes de guêpes logées dans le nid ; leur diamètre suit celui de l'enveloppe, en tenant compte, toutefois, de l'espace vide qui règne entre les gâteaux et l'enveloppe, et sert de voie circulaire de communication ou de chemin de ronde. Le premier gâteau, celui qui pend à la voûte, n'a souvent qu'un diamètre de quatre à cinq centimètres, tandis que les gâteaux du milieu dépassent trente centimètres ; les derniers diminuent progressivement de largeur. Les uns et les autres se soutiennent mutuellement par un grand nombre de liens massifs, fabriqués avec la même matière que l'ensemble du guêpier, et semblables à des colonnettes arrondies, évasées à leurs extrémités : chacune d'elles tient, d'un côté, au rayon supérieur, et de l'autre, au rayon inférieur; dans certains endroits, les gâteaux sont parfois fixés aux parois de l'enveloppe : des feuillets ou prolongements se mettent alors en continuité de tissu avec eux et leur donnent ainsi plus de solidité.

Trois ouvrages principaux composent donc toute l'architecture de la guêpe germanique : une enveloppe générale, des gâteaux à cellules hexagones et des liens ou pilastres, en guise de supports.

A l'exception du sommet où l'on trouve une masse celluleuse épaisse, l'enveloppe du guêpier n'est pas d'un seul bloc, elle résulte de la réunion de plusieurs pièces; chacun des feuillets qui la composent ne forme pas un sac complet, ils sont limités, se soudent par place, et, en se recouvrant les uns les autres, englobent de grands espaces vides. Les points de soudure ont cela de particulier, qu'ils alternent; ceux de deux couches successives ne tombent jamais l'un sur l'autre, ils reposent toujours sur un espace rempli d'air : aussi, la surface extérieure du nid peut-elle être trempée, sans que l'intérieur se mouille, les aréoles empêchant tout contact : au reste, cette espèce de papier ne boit pas; l'eau ne le décompose pas, il se ressuie et sèche en conservant toutes ses propriétés.

La construction de l'enveloppe, dont chaque pièce est aussi mince qu'une feuille de papier très-fin, marche à la fois dans tous les sens; à mesure que des guêpes s'occupent de la prolonger, d'autres fortifient son épaisseur en ajoutant couches sur couches : il n'est pas rare d'en compter jusqu'à quinze et même davantage.

« Rien n'est plus amusant, dit Réaumur, que de voir les guêpes travailler à étendre et à épaissir la voûte de leur nid, il n'est pas d'ouvrage qu'elles conduisent plus vite; un grand nombre de mouches y sont occupées, mais tout se fait sans confusion. Une seule guêpe entreprend une bande d'un cintre, et mène seule, plus d'un pouce d'ouvrage à la fois.

Elles vont chercher à la campagne les matières premières nécessaires : les vieux treillages, les vieux châssis, les vieilles portes et les vieux contrevents sont surtout de leur goût, car elles ne travaillent que sur du bois vieux et sec, depuis longtemps exposé aux injures de l'air. La guêpe qui a ramassé ces matériaux, les met elle-même en œuvre, elle ne se contente pas de les détacher et de les hacher. Avant de les couper en morceaux, elle presse leurs fibres entre ses mandibules, les tire en haut et les sépare ainsi les unes des autres, en d'autres termes, elle les réduit en charpie ; elle en fait ensuite une boule et l'emporte, entre ses jambes, à son nid. Voilà la matière à travailler, l'insecte la porte à l'endroit qu'il veut étendre. Supposons une voûte commencée que la guêpe veut prolonger. Elle se place à un des bouts de cette voûte contre lequel elle applique et presse sa petite boule : celle-ci, qui est faite d'une espèce de pâte molle, s'attache à la partie contre laquelle elle est pressée. Aussitôt, on voit la mouche marcher à reculons ; à mesure qu'elle marche, elle laisse devant elle une portion de sa boule. Cette portion est aplatie et n'est pourtant pas détachée du reste ; la guêpe tient ce reste entre ses deux premières jambes, pendant que les deux serres allongent, étendent et aplatissent ce qu'elle en veut laisser et coller à chaque pas, contre le bord de la bande ou du cintre qu'elle se propose d'élargir.

« Cette bande qui ne vient que d'être appliquée par la guêpe, est trop épaisse, mal unie ; l'ouvrage n'est encore que dégrossi, il reste à l'amincir et à l'aplanir : elle va le reprendre où elle l'a commencé, et cela sans perdre un instant ; elle met l'épaisseur de la nouvelle bande entre ses deux dents et répète un manége assez semblable au premier, c'est-à-dire, qu'elle s'en retourne à reculons avec vitesse, en donnant, sans discontinuer, des coups à la nouvelle bande avec les deux dents entre lesquelles elle se trouve, mais sans y rien ajouter ; ordinairement, toute la matière a été employée dès la première fois. Ses serres font les fonctions des palettes des potiers à creusets : en frappant la matière molle, elles l'étendent. L'effet de leurs coups est sensible. La guêpe retourne de la sorte quatre ou cinq fois, non comprise celle qui a été employée à appliquer la matière; après quoi, l'ouvrage est fini; la nouvelle bande est réduite à n'avoir que l'épaisseur du reste. Il est à remarquer que c'est toujours avec une extrême vitesse que la guêpe travaille, et toujours à reculons ; par là, elle est en état de juger continuellement du succès de son travail : le mouvement de ses dents est encore plus prompt que celui de ses jambes. On distingue facilement, du reste, la nouvelle bande; elle est plus brune, parce qu'elle est encore mouillée. Dans l'ancien ouvrage, on distingue aussi ce qui a été fait à la fois ou d'une même boule. Chaque feuille est composée de petites bandes larges environ d'une ligne, chacune de différente nuance; les unes sont plus blanches, les autres plus brunes, et les autres plus jaunâtres, selon la matière qui a été employée. Quoique les feuilles fassent un tout continu, leurs parties tiennent moins ensemble dans les endroits où le travail a été repris, que dans l'étendue de chaque bande. »

L'intérieur du nid rappelle la science géométrique des abeilles. Chaque cellule se compose d'un fond pyramidal sur lequel s'élève un tube prismatique hexagone, disposition qui concilie merveilleusement l'économie de place et l'économie de matériaux, d'une part, en ne laissant aucun vide entre les cellules, de l'autre, en donnant la même paroi à deux cellules. Leurs cloisons, en effet, consistent en un double feuillet dont le prolongement va se souder avec le fond de l'alvéole auquel chacun d'eux appartient, de telle sorte que chaque cellule forme un logement parfaitement indépendant.

Ainsi que tous les autres guêpiers, le nid de la guêpe germanique renferme, vers la fin de l'été, des mâles, des femelles et des ouvrières, celles-ci en nombre considérable par rapport aux autres habitants. On y voit jusqu'à trois cents femelles à la fois ; cependant, elles vivent toutes en très-bonne harmonie et prennent part aux travaux de leur mère. Les neutres, quoique les plus petits, sont les plus agiles, les plus actifs, les plus laborieux, mais aussi les plus féroces. Il en faut deux pour faire le poids d'un mâle ; une femelle pèse, à elle seule, autant que trois mâles, et représente le poids de six ouvrières.

A l'exception de celles dont la mission est de bâtir et de soigner les petits, toutes se livrent à une chasse continuelle, effrénée, car elles ne sont pas moins carnassières que les autres espèces du genre. Comme elles, elles tuent leurs victimes, leur tranchent la tête, ou les coupent en deux, et, après s'être repues sur place, soit de proie vivante ou de chair morte, soit du suc des fruits, elles vont généreusement faire part de leur butin aux compagnes restées dans le nid. Plusieurs guêpes s'assemblent alors autour de l'ouvrière qui revient de course ; celle-ci n'est-elle chargée que de liquide sucré ? elle fait sortir de sa bouche une gouttelette que les postulantes sucent avidement; ce manége se répète plusieurs fois de suite, et toujours avec la meilleure intelligence.

Cette vie de chasse et de rapine se continue jusqu'à l'automne, sans plus de particularités que celles dont les frelons et les autres guêpes offrent l'exemple. Les jeunes femelles, nées dans l'année, reçoivent, sur la fin de l'été, un complément de vie par leur union avec les mâles; le même massacre débarrrasse la société du couvain retardé dans sa dernière métamorphose; la même cause termine l'existence de la guêpe germanique quand la mauvaise saison est venue. Le froid, à son début, la surprend fort. A peine la bise a-t-elle soufflé, nos guêpes rentrent dans leur antre, s'y tiennent confinées le matin, et attendent que la chaleur ait réchauffé l'atmosphère pour se risquer au dehors; dès que le soleil baisse, elles regagnent leur gîte. La faim, déjà, leur a fait sentir ses cruelles étreintes. Fleurs et insectes sont devenus bien rares; les fruits ont disparu; de l'abondance, les guêpes ont passé, presque sans transition, à la disette; la famine approche : elles s'accrochent en désespérées aux branches des arbustes et les rongent par places, pour en extraire un reste de séve. Chose singulière! la faim, l'atroce faim, ne les rend pas égoïstes vis-à-vis de leur espèce : une guêpe à jeun vient-elle se poser près de celle qui fait un si maigre repas? toutes deux mettent en jeu leurs antennes en les croisant; la première guêpe, non-seulement invite le nouvel hôte à partager sa pitance, elle le conduit encore elle-même à ce triste brouet. La gelée arrivée, les femelles se hasardent à peine à montrer leur tête hors du trou ; pour si peu qu'il fasse de chaleur, quelques-unes s'enhardissent et viennent se promener sur l'enveloppe du nid ; d'autres les suivent et se groupent autour d'elles dans un état de parfaite tranquillité : on dirait qu'elles cherchent à concentrer un reste de vie prêt de leur échapper. Mais cette station sur le guêpier n'est que momentanée : le froid refoule de nouveau les guêpes dans leur retraite; à mesure qu'il augmente, elles s'y blottissent de plus en plus, leurs sorties cessent bientôt tout à fait. Déjà, les ouvrières sont mortes ; les mâles les ont suivies de près, c'est maintenant le tour des femelles. Beaucoup périssent épuisées de souffrances et de misères; quelques-unes, mieux trempées, chargées de continuer l'espèce et portant en elles le principe d'une nombreuse descendance, résistent seules à ce jeûne excessif; elles survivent au désastre général, et, le printemps venu, s'en vont, chacune isolément, sans ouvrière qui les aide, jeter ailleurs les bases d'une nouvelle société : elles y remplissent le double rôle de fondatrices et de mères de tout un peuple.

LES BOURDONS

LES BOURDONS.

Procul discordibus armis.
VIRGILE.

Après le drame, l'idylle. Dans l'histoire des guêpes, tout est extrême : le travail âpre, sans trêve ni repos, l'énergie meurtrière, la vie au prix de la mort, la fin rapide et convulsive, de telle sorte que, de la tombe au berceau, cette société, née pour détruire, se montre constamment passionnée, violente, sanguinaire. Rien de semblable chez les pacifiques bourdons. Leurs mœurs débonnaires ont toute l'apparence d'un roman, et forment un contraste absolu avec celles des guêpes. Amis des champs auxquels ils semblent avoir emprunté leur allure quelque peu rustique, s'ils travaillent, ils le font mollement, à loisir et sans fatigue ; ils vivent de peu, contents de peu dans leurs simples demeures. Amants déclarés des fleurs, ils volent en chantonnant de l'une à l'autre, les caressent, les soulagent de leurs liqueurs miellées, se jouent dans leurs poussières végétales, et tout en favorisant leurs mariages par ces folâtres ébats, leur enlèvent leur pollen à titre de présent de noces : là se bornent tous leurs larcins. Bien qu'ils portent l'épée comme les guêpes, ils vivent en paix avec la nature entière, n'attaquent jamais, se défendent à peine, et ont si fort horreur des contestations et des querelles, qu'ils préfèrent abandonner leur bien aux ravisseurs, plutôt que de le leur disputer les armes à la main. Leurs archives sont celles du village ; elles ne parlent ni de guerres ni de combats, ne relatent ni merveilles, ni faits extraordinaires : c'est le simple récit des mœurs pastorales de petites peuplades vivant paisiblement en communauté, dont l'existence annuelle commence et finit avec les fleurs, pour renaître avec chaque printemps.

Un corps trapu, tout velu, relevé de bandelettes de couleurs éclatantes, des jambes postérieures armées de deux éperons, un vol bourdonnant, font reconnaître, à première vue, les bourdons. Leurs sociétés sont peu nombreuses. Les plus peuplées se composent de trois cents habitants, les plus faibles n'en comptent guère qu'une cinquantaine. On y voit, ainsi que chez les guêpes et les abeilles, trois sortes d'individus : des femelles, des mâles et des ouvrières, avec cette différence, cependant, qu'un certain nombre de ces dernières, nées au printemps, jouissent d'une fécondité particulière : elles s'accouplent comme les autres femelles, mais ne produisent jamais que des mâles.

En leur qualité de Mellifères, destinées à butiner, les femelles et les ouvrières sont munies d'une espèce de trompe propre à recueillir le miel des végétaux, leurs pattes sont façonnées en brosses et en corbeilles pour ramasser et loger provisoirement le pollen. Leurs mandibules, en forme de cuiller et sillonnées sur le dos, portent trois ou quatre dentelures dont une beaucoup plus large : chez les mâles, cet organe est bidenté et barbu, l'aiguillon fait défaut.

La plupart des bourdons établissent leurs retraites sous terre, principalement dans les endroits gazonnés, où les racines, par leur entre-croisement, retiennent les molécules terreuses comme dans un réseau et consolident la voûte du souterrain. Quelques espèces, néanmoins, placent leur nid à la surface du sol, dans des lieux herbus ou garnis de buissons ; d'autres le logent dans des tas de pierres ou dans les fissures des vieux murs : l'espace vide qu'ils recèlent à l'intérieur forme l'habitation, elle est toujours précédée d'un chemin étroit qui y conduit.

Le choix de l'emplacement du nid ne se fait pas à la légère. Dès les premiers jours du printemps, on voit les bourdons femelles voler, çà et là, dans les prairies et les collines sèches, visiter toutes les cavités qu'elles rencontrent, trous de mulots, gîtes de musaraignes, retraites de campagnols; elles y entrent tour à tour, en font l'inspection, et finalement se décident en faveur de ceux qui leur paraissent le mieux répondre à leur but: tout le mois d'avril se passe ordinairement à cette recherche, à peine interrompue par celle des vivres.

La construction du nid, à son origine, n'a d'autre architecte qu'une femelle solitaire ; seule, elle choisit le domicile, pose les fondements et fabrique les premières cellules ; elle ne commence à se servir d'auxiliaires, que lorsque ses premiers œufs pondus ont donné naissance à des ouvrières devenues insectes parfaits.

Suivant que les espèces nichent sous terre ou habitent à la surface du sol, le mode de bâtir varie.

Les bourdons fouisseurs se logent à une profondeur de trente-cinq à cinquante centimètres sous terre, dans une cavité arrondie, plus large que haute, tapissée de feuilles, et communiquant avec le dehors par un boyau long et tortueux. Creusent-ils eux-mêmes leurs souterrains, se contentent-ils de les déblayer, ou bien profitent-ils du trou abandonné de quelque animal? on l'ignore. Quelquefois, dérogeant à leurs habitudes, ils s'établissent à la surface dans une dépression du terrain qu'ils garnissent et recouvrent de mousse, mais cette industrie ne leur est pas familière, elle appartient au bourdon des mousses (*Bombus muscorum*).

Cette espèce, type de celles qui campent sur terre, s'établit au voisinage d'un tapis de mousses; leur matelas élastique fait partie essentielle de son gîte. Déblayer l'emplacement, lui donner la forme d'une coupe, et n'y laisser au fond que quelques feuilles sèches, constitue ses premiers travaux. Cela fait, le bourdon se met à charrier la mousse qui l'entoure, tâche longue et minutieuse, car il traîne tous ses matériaux et n'en transporte aucun au vol. Ses pattes et ses mandibules font toute la besogne. Posé à terre sur ses jambes et le dos tourné vers le nid, il saisit avec ses mandibules un paquet de mousse. La première paire de pattes l'aide à trier chaque brin. Quand toute la matière première est suffisamment cardée, ces mêmes pattes la glissent sous le corps, les deux jambes mitoyennes la prennent alors et la refoulent de plus en plus vers l'extrémité de l'abdomen; arrivée là, les deux dernières jambes se débandent comme un ressort et l'expulsent aussi loin que possible dans la direction du nid.

Au fur et à mesure que l'ouvrage se débite, la mousse s'amoncelle derrière le bourdon; celui-ci change de place, se rapproche de son domicile, vient se poser au-devant des brins mis en charpie, la tête toujours tournée en sens inverse du nid ; il répète son premier manége, la mousse, divisée derechef, avance d'un second pas. Quand plusieurs travailleurs sont à l'œuvre, un autre bourdon reprend le cardage, mais si la femelle est seule, comme cela a toujours lieu dans le principe, elle le continue elle-même jusqu'à ce que toute la mousse nécessaire soit séparée, amenée au nid et montée à sa partie la plus élevée. Tant qu'il n'est question que de charroi, les choses se passent ainsi; mais lorsqu'il s'agit de construire la voûte, les mandibules tantôt fonctionnent seules, tantôt s'aident de la première paire de jambes pour entrelacer la mousse et en fabriquer une sorte de feutre ; l'insecte veut-il faire prendre à la voûte la forme d'une demi-sphère sous laquelle elle se présente le plus souvent, il enfonce sa tête sous la mousse, la bat, la presse de dedans en dehors dans tout son contour et lui donne une convexité régulière: cette calotte, de trois à quatre centimètres d'épaisseur, à la fois solide et légère, est, plus tard, enduite intérieurement d'une mince couche de cire enveloppant tous les brins de mousse du plafond qu'elle rend ainsi tout à fait imperméable.

A ne voir que l'extérieur du nid, on le prendrait pour une simple motte couverte de mousse, mais ce n'est là qu'une première enceinte qui défend l'habitation des injures du temps et oppose une barrière aux maraudeurs. Le véritable nid est en dessous ; il suffit, pour s'en convaincre, de soulever la calotte, l'intérieur du ménage des bourdons se montre alors sans mystère ; chacun peut l'examiner à son aise, au risque d'être assourdi par un concert plus menaçant que dangereux. En pareille circonstance, des guêpes, des abeilles ne manqueraient pas de punir, à coups de poignards, une telle indiscrétion ; les pacifiques bourdons, eux, souffrent patiemment la violation de leur retraite ; ils se bornent à voler en grommelant autour des curieux ; d'aucuns même, véritables philosophes, indifférents aux choses de ce monde, ne quittent pas leur nid pendant cette visite domiciliaire. Cesse-t-on de les inquiéter ? ils se mettent à recouvrir leur habitation, sans même attendre que les fâcheux soient éloignés.

Les nids de tous les bourdons se ressemblent à peu de chose près, comme leurs mœurs, et sont fabriqués sur le même moule. Leur aspect est celui d'un gâteau assez grossier, irrégulier, de volume variable et revêtu d'une chemise de cire qui part verticalement de sa base, en côtoie les parois et vient s'arrondir en voûte au-dessus, à la distance de huit ou dix millimètres. C'est sous cette enceinte protectrice que se fait l'éducation des petits et que se trouvent le garde-manger, représenté par des pots de miel toujours ouverts, et quelques magasins de poussières végétales. Quand la société est récente, on ne rencontre qu'un seul rayon, mais si elle existe déjà depuis quelque temps, on aperçoit dans le nid un certain nombre de corps ovoïdes, d'un jaune plus ou moins pâle, d'inégale grosseur, adossés les uns aux autres dans le sens de leur longueur et se superposant sur deux et trois étages, sans grande symétrie. Les corps ovoïdes du milieu surpassent ceux des ailes, lesquels, à leur tour, dominent ceux qui les flanquent ; donc, trois plans : leur réunion constitue de petits groupes d'environ quatre centimètres de haut sur six de large ; placés horizontalement les uns à côté des autres, et reliés ensemble par de petits cordons de cire ils forment une sorte de gâteau convexe en dessus et légèrement concave en dessous. Les gâteaux supérieurs s'appuient sur les corps ovoïdes les plus élevés de l'étage immédiatement au-dessous, et se rattachent au reste de l'édifice par des piliers en cire fortifiés à leurs extrémités. Au-dessus du gâteau terminal s'étendent des masses de cire brunâtres, arrondies, mais fort irrégulières, assez semblables à des truffes ; elles remplissent les interstices que laissent entre eux les corps ovoïdes supérieurs, et s'élèvent quelquefois comme des mamelons au-dessus des coques qui leur servent de base. Ces masses sont l'œuvre capitale des bourdons ; dans leur triple destination, elles servent de premier berceau aux bourdons à l'état d'œufs, tiennent en magasin la première nourriture des larves, et protégent, en même temps, les petits contre le froid et l'humidité.

Tel est le nid proprement dit ; les bourdons s'y prennent de la manière suivante pour le construire.

La cire est la première assise de leur édifice et le ciment de tous leurs gâteaux. Ils ne la trouvent pas toute faite sur les plantes, elle résulte d'une élaboration particulière que subit, dans leur corps, le miel dont ils se nourrissent; elle transsude à travers les intervalles des anneaux de leur abdomen, une demi-heure après qu'ils ont mangé. Pour l'extraire, le bourdon frotte son ventre et les sutures latérales de ses anneaux avec ses pattes mitoyennes. Celles-ci, une fois chargées des lamelles de cire, s'engagent alternativement entre les deux pattes postérieures que l'insecte a soin de rapprocher l'une de l'autre pour faire office de pinces ; tandis qu'elles serrent une des pattes mitoyennes, le bourdon s'efforce de tirer cette dernière, mais, en se dégageant, la jambe du milieu abandonne aux pattes postérieures la cire qui y était attachée : ce manége, répété plusieurs fois, apporte à la troisième paire de pattes tout son contingent. Dès qu'elle est suffisamment lestée, le bourdon fait glisser la charge de haut en bas par le frottement rapide de ces mêmes membres l'un sur l'autre; il l'amène ainsi près du tarse et n'a plus besoin que d'une dernière impulsion pour la faire tomber à terre.

La cire des bourdons diffère sensiblement de celle des abeilles; elle n'en a ni l'éclat, ni la fermeté, ni la fusibilité ; c'est une substance molle, tenace et de couleur brune : la mère bourdon en produit plus que les ouvrières.

C'est avec ses mandibules qu'elle la met en œuvre. Aussitôt qu'elle en a réuni une certaine quantité, elle la porte au point où elle veut nidifier, et en forme un petit tas. Cette masse doit être creusée pour devenir cellule; la femelle la ronge vers le milieu, un trou s'y forme; à mesure qu'il va s'approfondissant, elle fait passer dans sa bouche les débris de cire, les pétrit avec ses mandibules et les dépose à l'orifice de l'alvéole qu'elle a commencé de sculpter. Tout en le rendant de plus en plus creux, elle s'occupe d'affiner ses bords; ce travail s'exécute à reculons; l'insecte tourne tout autour de la cellule qui ne tarde pas à prendre la figure d'une cupule de gland: deux ou trois voyages au dépôt de cire lui fournissent tous les matériaux nécessaires pour élever de six ou huit millimètres les bords de la cellule. La construction avance, mais elle est encore à l'état d'ébauche dégrossie, il reste à lui donner le fini d'un dernier tour de main; la mère polit l'intérieur de la cellule, arrondit ses contours et fortifie ses parois: cette fois, l'œuvre est parfaite. D'une cellule, le bourdon passe à une autre, et ainsi de suite, jusqu'à ce qu'il s'en trouve un certain nombre de prêtes; quand elles sont finies, la prévoyance maternelle se manifeste à son tour. Abandonnée à ses seules ressources, au début de la colonie, la mère ne saurait suffire à distribuer la pâture aux petits qui bientôt naîtront de ses pontes; son instinct pourvoit à cette difficulté. En attendant que la population soit en force, et que les ouvrières viennent l'aider à donner la becquée aux larves, elle va puiser dans l'entrepôt, pétrit une certaine quantité de pollen avec du miel qu'elle y dégorge, et dépose cette pâtée au fond de chaque cellule en l'étalant par couches, afin que le petit être appelé à s'en nourrir jouisse du plus grand espace possible dans son berceau.

L'époque de la ponte arrivée, la femelle y prélude en essayant de faire entrer l'extrémité de son abdomen dans les cellules. Si elle ne peut y parvenir, elle quitte sa place, va chercher de la cire, et revient élargir l'alvéole en évasant ses bords. La rectification n'est pas plutôt achevée, qu'elle s'assure, par un second essai, que ses dimensions sont bien prises ; elle insère de nouveau le bout de son abdomen dans la cellule, et s'il en remplit exactement l'orifice, elle y prend position.

La ponte chez les bourdons paraît chose plus laborieuse que chez les autres insectes; elle exige de tels efforts, que la femelle ne réussit presque jamais à se délivrer du premier coup. Afin d'aider à la nature, elle tire l'aiguillon de son étui, le rejette fortement en arrière et en perce de part en part le bord de la cellule; s'arc-boutant ensuite contre l'aiguillon, à l'aide de ses pattes postérieures, elle se cramponne de son mieux, laisse tomber, sans désemparer, six ou sept œufs dans l'alvéole, puis ferme aussitôt l'ouverture en rabattant ses bords: le vide qu'ils laissent est comblé avec des grains de cire.

Les œufs, de trois millimètres de long sur un diamètre d'un peu plus d'un tiers, sont d'un blanc laiteux, oblongs et légèrement courbés; ils gisent sans aucun ordre dans la cellule, côte à côte, ou même les uns sur les autres. Au bout de quatre ou cinq jours, il en sort un ver apode, roulé sur lui-même, marqué latéralement de taches noires transversales, irrégulières, sur fond blanc; dès sa naissance, il laisse apercevoir distinctement la tête et la lèvre inférieure qui fait saillie en avant.

Dans leur premier état, les larves d'une même cellule vivent en commun, à la même table, sous la même tente; elles s'y nourrissent ensemble de la pâtée préparée au fond de leur berceau et y prennent tout leur développement. Cette cellule n'excède pas la grosseur d'un pois quand la femelle y dépose ses œufs; mais à mesure que les larves grossissent, l'espace devient plus étroit; bientôt il ne peut plus suffire à l'accroissement progressif des jeunes insectes; l'alvéole alors se fend dans sa longueur, la mère aussitôt de prendre des fragments de cire et de les appliquer entre les bords de l'ouverture; elle va, vient, retourne à la provision de cire, et répète son travail de calfatage jusqu'à ce qu'il n'y ait plus trace de rupture: après trois ou quatre manœuvres de ce genre, la cellule est complétement fermée et se trouve agrandie de toute la pièce qui y a été coulée. Grâce à ces additions renouvelées chaque fois que l'alvéole éclate sous la pression intérieure des larves, celles-ci acquièrent dans leur prison commune sans cesse élargie le volume normal qu'elles doivent avoir, treize millimètres de longueur; aussi, vers la fin de la première période, la tente arrive-t-elle à la grosseur d'une noix. Sa forme varie nécessairement avec le développement successif des larves. Les vers, en effet, ne grandissent pas toujours dans les mêmes proportions, ni avec la même rapidité; il en est de précoces et de tardifs, la cellule se moule sur leurs diverses évolutions; c'est ainsi qu'elle se rompt en un point, tandis qu'elle reste encore intacte sur l'autre; les pièces qui ferment chaque fissure influencent forcément sa configuration: sa forme se trouve surtout altérée au moment où les vers se changent en nymphes. Avant de passer sous ce deuxième état, chacun d'eux se file, sous le toit commun, une coque de soie blanche extrêmement fine où il s'enferme solitairement. A partir de cette époque, la nourriture ne lui est plus nécessaire; il cesse de manger, se tient d'abord roulé en cercle dans sa prison; mais peu à peu, il se relève, et finalement, s'y tient debout: la coque, originairement semblable à une boule déprimée, s'allonge alors en figure oblongue.

En général, trois jours après qu'elles ont été filées, les coques sont dépouillées de la cire qui les recouvre; chaque larve met bas sa tunique de ver: c'est son dernier acte d'insecte rampant; aussitôt après, elle se métamorphose en nymphe.

L'immobilité la plus complète est sa seule attitude pendant cet état transitoire qui dure une quinzaine de jours. Ce temps expiré, le bourdon a une double opération à accomplir avant d'être rendu à la liberté; sa peau de nymphe se fend sur le dos, il en sort par la tête sans grande difficulté; mais pour se tirer de la coque soyeuse, il lui faut jouer des mandibules et ronger ses barreaux aux deux tiers de leur hauteur: la femelle l'aide dans cette tâche que remplissent, plus tard, les ouvrières en déchirant horizontalement la coque, un peu au-dessus de son renflement. Un quart d'heure est employé à opérer cette délivrance; le bourdon paraît au grand jour le corps couvert d'un duvet grisâtre qui bientôt prendra de plus vives couleurs sous l'influence de la lumière: le premier acte du captif affranchi est une visite au buffet.

Jusqu'ici, la mère bourdon a travaillé seule à l'établissement de la colonie; les éclosions successives vont mettre fin à son isolement et lui fournir d'utiles renforts. Les premiers œufs pondus lui envoient une escouade d'ouvrières qui, à peine devenues insectes parfaits, sont pourvues d'un complet outillage et d'un savoir instinctif à toute épreuve; la société en tirera bon parti; son développement ne se fait pas attendre. Naturellement, les filles commencent par aider leur mère. Elles s'occupent, d'abord, de la confection des cellules. Tantôt elles ne font que les ébaucher, tantôt elles les construisent de la base au sommet; mais, quelle que soit la part qu'elles prennent à la nidification, toujours la mère se réserve le soin de la revoir pour lui donner la dernière main. Tandis qu'elle-même pourvoit au logement et à la nourriture de ses petits, les auxiliaires entreprennent une œuvre de premier ordre, la construction de l'enceinte intérieure qui doit envelopper toute la surface du nid. La cire seule entre dans cette bâtisse, qui part du sol même. Les ouvrières n'entament d'abord qu'un seul côté; elles appliquent leurs premiers matériaux contre plusieurs coques contiguës et garnissent de cire les interstices que celles-ci laissent entre elles. Bientôt une ligne demi-circulaire se dessine sur un des flancs du nid : la base de l'enceinte est posée. Sur ces premiers rudiments, elles appliquent de la cire prise dans les magasins, pétrie avec les mandibules et façonnée avec les dents; leurs pattes antérieures leur tiennent lieu de bras: chaque ouvrière dépose son ciment sur l'un des points de la ligne de circonvallation, le mur s'élève à vue d'œil, le travail est en pleine activité. Déjà le rempart dépasse la hauteur des coques, c'est le moment d'attaquer un autre côté : maçons et manœuvres édifient à qui mieux mieux; la construction se poursuit maintenant sur les quatre points cardinaux à la fois, les intervalles qui séparaient les pans de mur ont disparu : ceux-ci se rejoignent et ne forment plus qu'une enceinte continue qui n'attend plus que son couronnement. Pour cette opération dernière, les bourdons changent de position. Jusqu'ici, ils avaient bâti verticalement, la première paire de pattes et la tête posées sur le bord de la chemise, tandis que les jambes postérieures s'appuyaient sur les coques les plus rapprochées; leur travail, à l'avenir, se fera horizontalement. Ils enjambent la muraille, se campent à califourchon sur la crête, entaillent le mur sur divers points, maçonnent de côté et élèvent, en peu de temps, une toiture plate au-dessus du nid : de petits piliers, partant des coques supérieures et aboutissant à la voûte, la soutiennent en plusieurs endroits; elle est fermée de toutes parts, à l'exception de quelques ouvertures irrégulières ménagées pour servir de passages.

L'enveloppe intérieure de cire préserve le nid du froid et de l'humidité; mais, quelle que soit la solidité que lui donne une matière onctueuse et tenace, elle n'opposerait qu'une défense insuffisante au vent et à la pluie, si l'habitation n'était, en outre, protégée par un second ouvrage de défense plus grossier, il est vrai, mais aussi plus efficace; les ouvrières couvrent le nid de mousse ou de brins d'herbe, et relient les différentes pièces de cette calotte de sûreté au moyen d'une couche de cire dont elles enduisent sa face inférieure: Pergame est maintenant à l'abri des insultes de l'air.

La maçonnerie et les fortifications ne sont pas les seuls travaux des ouvrières, elles prennent aussi une part active à l'éducation de la progéniture. Les larves, comme on l'a vu, se nourrissent seules, dans les premiers temps de l'éclosion, avec la pâtée déposée au fond de leurs berceaux; mais vient un moment où elles veulent recevoir la becquée, comme les oiseaux la donnent à leurs petits; nos ouvrières deviennent des nourrices pleines de zèle et de sollicitude. Elles connaissent l'instant précis où les pupilles réclament leur intervention; pratiquant un petit trou dans le couvercle de leurs cellules, elles leur distribuent leur ration de pollen mélangé de miel, et referment aussitôt les alvéoles avec de la cire qui les clôt hermétiquement. Plus tard, quand les larves se sont filé des coques, ce sont elles encore qui enlèvent la cire dont elles sont enduites et qui aident les nymphes à se débarrasser de leur manteau: bref, il n'est sorte de services qu'elles ne rendent dans l'intérieur de la maison.

La mère bourdon, ainsi soulagée d'une partie de sa première tâche, ne tarde pas à reprendre son véritable rôle, la propagation de l'espèce. Tant qu'elle régnait seule, rien ne la dérangeait dans ses graves fonctions de pondeuse; elle y procédait librement et sans autre souci que celui d'une tendre prévoyance; mais l'arrivée des auxiliaires vient troubler son heureuse quiétude: il lui faut défendre ses œufs contre d'effrontées gourmandes. Ce morceau friand est, en effet, fort du goût des ouvrières. A peine la mère est-elle délivrée, à peine se met-elle en devoir de fermer la cellule sur ses œufs, une troupe malicieuse, à l'affût, se précipite sur l'alvéole qui reçoit les œufs et essaye de lui en dérober quelques-uns; si grande est leur audace, et telle leur convoitise, qu'elles s'efforcent de les saisir au passage quand la femelle est en train de pondre. Mais, de ce côté, les précautions ont été bien prises: les proportions de la cellule sont tellement calculées sur le ventre de la mère, que les tentatives des pillardes demeurent sans résultat. Tant que la pauvre mère reste sur ses œufs, ils sont en sûreté; mais qui rapine, ruse: au moment où la femelle s'apprête à passer à une autre cellule, les friponnes deviennent plus hardies; elles harcèlent alors la mère sans relâche et lui livrent assaut sur assaut: à bout de patience, celle-ci quitte brusquement sa position et poursuit à outrance les malfaitrices jusqu'au bas du nid, en agitant fortement ses ailes. Par cette sortie énergique, le péril est un instant écarté, mais il s'en faut qu'il soit dissipé. Pendant que la mère donne la chasse aux voleuses, leurs complices sont là, en observation, qui n'attendent que son départ pour satisfaire leur convoitise. Elle n'a pas plutôt quitté sa place, qu'elles se jettent sur la cellule ouverte, en tirent plusieurs œufs et les hument à longs traits.

La mère, cependant, après avoir mis en fuite la première troupe, revient sur ses pas pour clore sa cellule : quelle n'est pas sa stupéfaction en voyant sa nichée au pillage ? Éperdue, furieuse, elle se jette sur les maraudeuses, tombe sur elles à coups de mandibules, les secoue d'importance, et, avertie par son malheur, chasse impitoyablement toute ouvrière qui tente de s'approcher de sa cellule, mais l'idée de se servir de son dard ne lui vient pas un seul instant à l'esprit.

La fermeture de la cellule, indispensable pour la bonne venue des jeunes êtres qu'elle renferme, n'est pas un préservatif absolu contre la rapacité des ouvrières; elles savent fort bien ouvrir les alvéoles, aussi, dans les premières vingt-quatre heures de la ponte, la mère fait-elle bonne garde au-dessus de ses œufs; elle y reste pendant des heures entières couchée sur le couvercle et agitant rapidement l'extrémité de son abdomen, à peu près comme la poule qui se trémousse sur les œufs qu'elle s'apprête à couver. Passé le second jour, il est rare que les ouvrières recommencent leurs attaques ; elles semblent n'en vouloir qu'aux œufs fraîchement pondus.

La ponte s'effectue à diverses reprises dont la date varie selon les différentes espèces de bourdons. La ponte du printemps produit exclusivement des ouvrières ; leur nombre est fort restreint dans les mois de mai et de juin ; à partir de cette époque, il s'accroît sensiblement et arrive à son chiffre le plus élevé en août et septembre. Les jeunes femelles, dans la plupart des nids, commencent à paraître vers la fin de juillet, les mâles les suivent de près ; les plus grandes éclosions, cependant, n'ont lieu qu'en août et septembre : à l'entrée de l'automne, les peuplades se trouvent au grand complet. A mesure que la population augmente, le nid prend plus de développement; les bourdons l'agrandissent successivement, ils y multiplient les cellules et les magasins, car, bien qu'ils ne fassent pas de grandes provisions, ils ont toujours du pollen et du miel en réserve pour les besoins du jour. Chaque espèce de bourdons loge ses approvisionnements dans des entrepôts particuliers. Les uns ont leurs pots à miel cylindriques, les autres les façonnent en amphores à long col, quelques-uns entourent leurs vases d'un anneau de cire, plusieurs ajoutent des goulots à leurs cellules, puis, les évasent à leur ouverture ; il en est d'autres, au contraire, qui les ferment par un col très-étroit : ces magasins occupent ordinairement le gâteau supérieur, ils font saillie à sa partie la plus élevée et sur ses bords.

Ainsi que tous les mellifères, les bourdons butinent sur les fleurs ; ils s'y délectent avec un tel abandon, que souvent, séduits par leurs charmes, ils font l'école buissonnière ; au lieu de rentrer, chaque soir, au logis, ils s'oublient sur une tête de chardon ou au fond d'une corolle : dans les soirées fraîches du mois de septembre, on les surprend sur ces sofas improvisés, tout engourdis et comme plongés dans une sorte d'ivresse ; ils se laissent prendre alors sans résistance et trahissent, par un bourdonnement aigu, leur mécontentement d'un repos troublé. La manière dont ils ramassent le pollen et le miel est exactement la même que celle des abeilles. De retour des champs, ils n'ont rien de plus pressé que de se décharger de leur butin. Le bourdon qui revient de la picorée visite les pots à miel, y fait entrer sa tête ainsi qu'une partie de son corselet, contracte son abdomen, ramène à la bouche, par un effort musculaire, la liqueur sucrée contenue dans l'estomac et la dégorge dans le vase : ce miel, aussi doux que celui des abeilles, est plus coulant et plus clair, il a un arome spécial et ne prend point à la gorge. Les pelotes végétales que les bourdons transportent dans leur corbeille ressemblent, sur leurs jambes, à un petit grain de poivre aplati. Pour s'en débarrasser, l'insecte se hisse sur une cellule et s'y cramponne au moyen de sa première paire de pattes. En même temps, il y plonge ses autres jambes, engage, dans les pattes qui sont libres, les pattes chargées de poussières végétales, et, en cherchant à dégager ces dernières de leurs entraves, détache, par un mouvement de bas en haut, les pelotes polliniques et les fait tomber dans le vase destiné à les emmagasiner : cette opération terminée, le bourdon retire ses pattes de la cellule, se retourne, descend, la tête la première, dans le réservoir, y dispose le pollen par couches et l'arrose d'un peu de miel.

L'époque de l'accouplement n'est pas la même dans toutes les espèces. D'après le Pelletier de Saint-Fargeau, il aurait lieu du 15 septembre au 15 octobre, non dans le nid, mais en plein soleil, sur un mur, sur un tronc d'arbre ou sur les fleurs. Quand la fécondation est opérée, la femelle saisit le mâle avec ses pattes postérieures, et le repousse avec force : le malheureux tombe à terre sans mouvement : c'en est fait de lui, il a aimé, il meurt.

Les jeunes femelles, écloses vers la fin de l'été, ne sont point appelées à devenir mères dans le nid qui les a vues naître, elles gardent leurs œufs et ne s'en délivrent qu'au printemps suivant, dans une nouvelle habitation. Il en est autrement des ouvrières fécondes, elles pondent peu de temps après avoir été courtisées par les mâles. Leur maternité anomale excite, au plus haut point, la jalousie de la mère bourdon. Dès qu'elles se mettent à pondre, la véritable femelle se jette sur elles avec colère, en battant des ailes, elle leur grimpe sur le dos, les chasse à coups de mandibules, enfonce sa tête dans la cellule dont elle les a fait déguerpir, s'empare de leurs œufs et les dévore. Chaque fois qu'elles s'apprêtent à pondre, la même chasse recommence ; la cellule est-elle refermée sur les œufs ? la mère la déchire à belles dents et fait main basse sur tout ce qu'elle contient. Cette jalousie de la mère bourdon, les ouvrières fécondes l'éprouvent aussi entre elles. Au moment du part, elles ne cessent de se poursuivre ; comme elles veulent toutes pondre à la fois, la cellule est disputée avec acharnement. La plus alerte ou la plus habile à s'en emparer se hâte d'y faire tomber ses œufs, mais elle n'y parvient pas sans peine; ses rivales battent en brèche l'extrémité de son abdomen et finissent par la déloger : chacune d'elles, à son tour, subit les mêmes attaques et voit ses œufs en butte au même sort.

Du reste, ces querelles intestines sont les seules

qui troublent le ménage des bourdons; elles n'éclatent jamais qu'entre la mère et les ouvrières fécondes; les jeunes femelles, nées dans le courant de l'été, demeurent absolument étrangères à ces contestations; leur maternité latente leur assure le bénéfice d'une complète neutralité. A part ces légers incidents dont la véritable cause n'est pas encore connue, tout se passe avec le plus grand calme dans les sociétés de bourdons, leur caste vit essentiellement de paix et d'harmonie.

Contrairement aux mœurs des abeilles, les jeunes femelles ne se prévalent pas de leur sexe pour s'exempter de travailler, elles s'occupent de même que les ouvrières. Comme elles, elles vont, au dehors, récolter le nectar des végétaux, sécrètent de la cire, la pétrissent et la préparent, mais elles ne font de cellules que lorsqu'elles posent elles-mêmes les fondements d'une nouvelle cité; chez elles, la faculté de bâtir et de pondre sommeille pendant l'automne et l'hiver de la première année, et ne se réveille qu'aux approches de la maternité.

Ce privilége n'est pas le seul qui leur ait été départi; leur vie, sauf accident, se prolonge toujours au delà de l'existence des mâles et des ouvrières. Tandis que ceux-ci périssent tous aux premiers froids de l'automne, les femelles, dépositaires des germes d'où sortiront les races futures, échappent à la loi commune, elles résistent à l'hiver. Dans leur prévoyance instinctive, dès que menace la saison rigoureuse, elles se creusent une retraite profonde au delà du nid, quittent le domicile natal, s'ensevelissent toutes vivantes dans une espèce de tombeau, y dorment d'un sommeil léthargique pendant quatre mois entiers, puis, au retour du printemps, saluent sa bienvenue par leur résurrection. Rendues à la vie active, elles profitent, tout d'abord, de leur liberté pour aller jeter, seules et sans autre secours que leur courage maternel, les bases d'une nouvelle colonie. Elles n'ont subi qu'une seule fois les approches du mâle, mais la fécondité ne leur en est pas moins assurée pour toute leur vie. Dans leur travail solitaire, elles se livrent, sans partage, à la construction du nid et à l'éducation des petits; leur existence, désormais, est complète : leurs filles, devenues des auxiliaires, n'y changeront rien, elles ne leur apportent qu'une simple collaboration. Leur concours, toutefois, imprime une impulsion plus vive à tous les travaux. L'accroissement de la population, chez les bourdons, a cela de particulier, que l'industrie de la cité se développe en raison directe du nombre des habitants; elle décline, au contraire, là où leurs sociétés se réduisent à quelques individus : c'est ainsi que les plus petites peuplades ne doublent pas de cire leur toit de mousse, et n'allongent pas leurs pots à miel, elles se bornent au strict nécessaire. Il n'en est pas de même dans les sociétés nombreuses. La personnalité s'anime, alors, au contact de tous; une sorte d'émulation instinctive entraîne toutes les volontés et les dévoue au travail, à la défense commune et aux soins des petits : de leurs rapports continus naît une affection mutuelle qui rattache les uns aux autres tous les membres de la nation et les confond en une grande famille : le besoin les rassemble, l'union les soutient, un même mobile, l'amour de la république, les conduit à leur destinée.

LES ABEILLES

LES ABEILLES.

Cœlestia dona.
VIRGILE.

Qui n'aime les abeilles? Qui, dans une belle matinée de printemps, quand tout est joie et amour sur la terre, n'a suivi avec curiosité le mouvement qui se fait autour d'une ruche? Qui n'a pas contemplé avec intérêt ce petit peuple si laborieux, si actif, sans cesse occupé à butiner, à extraire le miel et la cire du sein des fleurs, tout entier au travail qui semble la grande loi de son existence; peuple qui a ses mœurs, ses passions, ses vicissitudes de prospérité et de décadence, et dont tous les membres, sans cesser de vivre d'une vie propre, conspirent uniquement à un but commun, le salut de la chose publique.

Platon et Virgile ont chanté les abeilles; poëtes et naturalistes ont célébré, à l'envi, leur instinct, leur industrie et leurs combats ; mais les uns, trop systématiques, n'ont voulu voir dans cet insecte qu'une machine organisée; les autres, emportés par leur imagination, lui ont prêté des facultés purement imaginaires. Grâce aux patientes recherches des Swammerdam, des Réaumur, des Schirack et des Huber, ses mœurs, pour n'être plus un mystère ni un conte des *Mille et une Nuits*, n'en excitent pas moins notre admiration envers cette Providence si magnifique dans ses moindres ouvrages, et qui mène toute chose à sa fin par une extrême simplicité de moyens.

Les abeilles ne sont pas des insectes solitaires, elles se réunissent en sociétés, espèces de grandes familles où chaque individu, d'après son organisation, est chargé de fonctions spéciales[1*]. A l'état de nature, tout leur devient cité : le tronc creux des arbres, les ruines, les cavités des rochers leur servent indistinctement d'habitation. Mais, entre nos mains, l'abeille, devenue domestique, vit, travaille et multiplie dans des ruches. Fille indépendante de l'air ou esclave volontaire de l'homme, son art mer-

* Voir à la fin de cette histoire les notes tirées de Virgile, qui résument, en quelque sorte, les connaissances des anciens sur les abeilles.

veilleux la suit partout : toujours elle bâtit ses palais de cire, toujours elle récolte et puise dans la végétation, comme à une source intarissable, l'ambroisie dont elle emplit ses magasins.

Au premier aspect, l'abeille ne se distingue pas des hyménoptères les plus vulgaires. Une petite taille, une tête aussi large que le corselet, pourvue de deux yeux à facettes et de deux courtes antennes, un corps ramassé et sans élégance, une surface toute velue, une livrée obscure, n'ont rien qui attire le regard. Son principal outil consiste en une paire de mandibules mobiles, échancrées chacune d'une dent convexe à l'extérieur, concave à l'intérieur, et dont le bout va s'évasant et se coupe obliquement. Ces dents peuvent non-seulement se rencontrer, mais encore se croiser; appliquées l'une contre l'autre, elles forment une pince angulaire : dans cette position, elles laissent entre elles une cavité où sont reçues les parcelles des matières pressées et broyées entre les deux côtés extérieurs des dents.

La bouche s'ouvre à la partie inférieure de la tête ; elle est fermée, en dessus, par un labre corné, latéralement, par les mandibules, et, en dessous, par une petite pièce membraneuse mobile qui joue le rôle d'une lèvre inférieure et sert de conduit aux aliments. Entre ces différentes pièces sont insérées la trompe et les mâchoires. La partie antérieure de la trompe peut être considérée comme une langue rendue flexible par un petit corps charnu ; deux leviers sur lesquels sa base repose la portent en avant et la rejettent en arrière, selon que le sommet de l'angle qu'ils déterminent regarde les dents ou se tourne vers le cou. A l'état de repos absolu, la trompe fait un coude près du bout des dents et se replie sur elle-même, de façon que sa pointe vient rejoindre sa base, protégée par un étui écailleux. Mais la trompe est-elle en action? les mâchoires se dirigent vers l'extérieur de la bouche, les palpes labiaux s'écartent et laissent à nu la langue représentée par une lame plate, étroite, mi-cartilagineuse, mi-membraneuse, transversalement cannelée et susceptible de dilatation et d'extension : sa face supérieure est toute couverte de poils.

La trompe est l'instrument avec lequel l'abeille recueille le suc répandu à la surface des feuilles ou déposé au fond des corolles, dans les nectaires d'où la liqueur s'épanche sur les membranes florales, et les couvre d'une sorte d'enduit. A peine l'abeille s'est-elle posée sur une fleur bien épanouie, qu'elle se dirige vers son centre ; elle avance l'extrémité de sa trompe et l'applique contre les pétales, au voisinage de l'onglet. Cette trompe s'agite d'une infinité de mouvements ; elle se raccourcit, s'allonge, se contourne, s'infléchit, suivant que les parties qu'elle explore sont convexes ou concaves. Swammerdam la regardait comme un corps de pompe percé d'un trou par lequel la liqueur sucrée pouvait être aspirée ; les expériences de Réaumur et l'observation journalière prouvent que la trompe fait l'office d'une langue occupée à lécher une liqueur. Sa surface velue s'en enduit ; l'abeille, par ses diverses inflexions, cherche à l'en couvrir. Elle plie le bout de sa trompe, l'allonge et la raccourcit tour à tour, la retire de temps à autre, lui fait décrire des sinuosités, et rend, par intervalles, sa surface supérieure concave, comme pour ménager une pente, vers la tête, à la liqueur dont elle s'est chargée. En raccourcissant sa trompe au point de la faire rentrer tout entière sous les étuis, elle porte et dépose le suc mielleux dans une espèce de conduit d'où il passe successivement par la bouche, l'œsophage, un premier estomac et aboutit à un second sac où se fait la digestion du pollen. C'est donc en léchant leur surface sucrée que l'abeille enlève le miel des fleurs ; sa trompe, aidée dans ce mouvement par la pression ondulatoire des mâchoires et des palpes labiales, agit exactement comme la langue d'un chien qui laperait un liquide.

Le corps de l'abeille se compose de six anneaux formés chacun de deux pièces écailleuses dont la supérieure, débordant sur les côtés, recouvre, par ses deux bouts, la seconde pièce appliquée sur le ventre : ils constituent une véritable cuirasse destinée à protéger les parties membraneuses qu'ils abritent, tout en laissant le corps se mouvoir librement. Celui-ci, à son extrémité, est armé intérieurement d'un aiguillon double renfermé dans un fourreau d'écaille. Le dard, à l'état de repos, se cache dans l'abdomen, mais il en sort à la volonté de l'abeille et se partage alors en deux branches. Percé dans toute son étendue, il communique par sa base avec un réservoir à venin; vers sa pointe, il est garni de dentelures qui, enfoncées dans la plaie, l'y fixent solidement, mais entraînent en même temps des conséquences funestes pour l'insecte : avec son dard, il laisse souvent dans la blessure la poche à venin ainsi que les pièces qui mettent l'aiguillon en jeu.

Chez l'abeille, le corselet tient au corps par un mince pédicule; il donne insertion à trois paires de pattes dont la structure mérite une attention spéciale; elles sont pour elle, en effet, un instrument de travail des plus précieux. Les deux premières paires ont à peu près la même longueur, mais les deux dernières pattes sont plus longues que les quatre antérieures; leur conformation n'est pas semblable. Les jambes postérieures présentent à la partie externe une dépression longitudinale triangulaire nommée *palette*, surmontée, sur les côtés, de poils roides qui forment comme les bords d'une espèce de corbeille; la face externe de la palette en figure le fond. Son bout est aigu à sa jonction avec la cuisse; sa partie la plus large s'articule avec la cinquième pièce ou le tarse, dont le premier article porte le nom de *brosse;* il est aplati dans les troisième et seconde paires de pattes. La brosse, dans les pattes de la première paire, est allongée, arrondie et tout à fait velue; ses poils regardent l'extrémité du tarse. Dans les pattes de la seconde paire, la brosse est oblongue, lisse extérieurement et garnie à l'intérieur de poils dirigés en bas. Celle de la troisième paire de pattes représente une sorte de parallélogramme rectangle; lisse à sa face extérieure, elle est garnie en dedans de poils roides et durs comme des dents de peigne rangées sur plusieurs séries irrégulières; enfin la patte de l'abeille se termine par cinq articles posés bout à bout, le dernier armé de crochets.

C'est à l'aide de ce simple appareil que l'abeille fait une de ses principales récoltes. Les fleurs ne lui fournissent pas seulement du miel, elles lui livrent encore leur poussière pollinique qui compose une partie de sa nourriture et dont ses petits ne sauraient se passer. Le manége qu'elle exécute en butinant le pollen ne laisse pas d'être assez compliqué.

Velue qu'elle est sur tout son corps, l'abeille n'entre pas dans une fleur bien épanouie sans se rouler et s'enfariner de la tête aux pattes, en se frottant en tous sens contre les étamines. Ses brosses commencent alors leurs fonctions. Elles passent et repassent sur la tête, sur le corselet, sur toutes les parties du corps de l'insecte, détachent les poussières fécondantes arrêtées dans les poils et rassemblent leurs granules épars. Par une seconde manœuvre, l'abeille transmet tour à tour ces corpuscules d'une jambe de la première paire à une jambe de la seconde, et les empile sur la palette de la troisième paire où elle les fixe à l'aide de coups répétés. Si la fleur est incomplétement épanouie, l'abeille force le mystérieux sanctuaire, éprouve successivement toutes les anthères, abandonne celles qui ne sont pas arrivées à une maturité suffisante, s'attache à celles dont la déhiscence est prochaine, les presse avec ses deux dents comme avec une pince et oblige le sac de s'ouvrir et de lui livrer son trésor. Les deux brosses de la première paire de pattes entrent alors en contact avec les mandibules et se chargent de quelques grains; en se retirant en arrière, l'une des premières pattes rencontre une des brosses de la seconde paire placée du même côté; celle-ci la décharge de ses poussières et les porte à la troisième jambe : le tout est déposé sur la palette. Quand le butin a été considérable, les pelotes débordent la jambe, elles sont collées contre les poils, qu'elles obligent par leur poids à se plier en dehors; ces derniers contribuent singulièrement à les maintenir dans leur assiette. Sur les anthères ouvertes naturellement, l'abeille ramasse bien plus de poussières polliniques avec ses poils qu'avec ses dents : elle n'a qu'à faire usage de ses brosses, celles des dernières jambes expédient rapidement la besogne, elles peuvent se transmettre réciproquement leur charge de pollen.

La couleur des pelotes est très-variable et dépend des espèces végétales sur lesquelles elles ont été recueillies ; il y en a de vertes, de rouges, de blanches, mais le plus souvent le jaune domine ; elles conservent sur la palette la forme et la coloration qu'elles avaient sur la plante. Dans la saison des travaux, les abeilles font provision de pollen du matin au soir ; elles en ramassent tant que dure la floraison, principalement le matin : quand le temps favorise la récolte, presque toutes les abeilles qui rentrent à la ruche y reviennent chargées de deux pelotes de pollen, les jambes pleines de thym, dit poétiquement Virgile.

Des dents faisant l'office de pince, une trompe flexible et des pattes garnies de palettes, de brosses et de crochets, tels sont les instruments dont notre insecte a été pourvu ; mais toutes les abeilles d'une ruche n'en sont pas également munies ; c'est l'apanage distinctif du travail, on ne les rencontre que chez celles qui ont mission de butiner et de bâtir.

Pendant la plus grande partie de l'année, deux sortes d'abeilles composent exclusivement la population des ruches : 1° la femelle ou mère abeille, improprement appelée reine, presque toujours seule de son espèce dans chaque ruche, chargée uniquement d'accroître le nombre de ses habitants et douée, en conséquence, d'une prodigieuse fécondité ; 2° les ouvrières, ainsi dénommées parce que sur elles roule tout le travail : constructions, récoltes, éducation des petits.

Indépendamment de ces deux sortes d'abeilles, on en voit encore une troisième, depuis mai jusqu'en juillet : ce sont les mâles ou *faux bourdons*, plus volumineux que les autres abeilles, plus velus, à tête plus grosse et plus ronde, armée de mandibules plus courtes, à vol sonore et bourdonnant, dépourvus d'aiguillon, sans palettes aux pattes, et dont les brosses, à poils plus serrés et plus courts, ne sont nullement appropriés au travail de l'approvisionnement. Ils n'ont d'autre fonction que de contribuer à la propagation de l'espèce : êtres nuls, du reste, ne songeant qu'à s'ébattre au soleil et vivant, sans travailler, aux dépens de la société. Leur nombre, par rapport aux ouvrières, est toujours fort restreint ; rarement ils forment la dixième partie de la ruche; leur existence est ordinairement très-courte et se termine presque toujours par une fin tragique.

La femelle, moins grosse que les mâles, a le corps plus allongé que celui des ouvrières ; ses ailes, très-courtes relativement à la longueur de son corps, n'en couvrent guère que la moitié, tandis qu'elles l'abritent en entier et même le dépassent chez les mâles et les ouvrières. Son aiguillon, plus long que celui des abeilles ordinaires, est un peu courbé vers le ventre, au lieu d'être droit comme chez les autres; sa poche à venin, proportionnée à la longueur de l'aiguillon, est aussi plus développée, la mère abeille ne s'en sert que dans de rares occasions. Étrangère à toute fonction autre que celle de pondre, ses jambes postérieures n'ont ni palettes ni brosses; son titre de mère la dispense de tout travail et de tout soin, même de celui de pourvoir à sa nourriture ; un certain nombre d'ouvrières lui font sans cesse cortége, la brossent, la lèchent et lui présentent du miel sur leur trompe : âme de la ruche, elle n'en sort jamais, si ce n'est pour s'accoupler et pour accompagner un essaim.

L'abeille ouvrière constitue les forces vives de la nation ; elle n'a point de sexe et ne se reproduit que dans des cas tout à fait accidentels. Femelle imparfaite, elle ne connaît de la maternité que les soucis de l'éducation[2]. On la distingue facilement à sa taille plus petite, à sa couleur d'un roux brun presque uniforme, et surtout aux palettes et aux brosses dont ses jambes postérieures sont munies. Pourvoyeuses infatigables, une partie des ouvrières récoltent les provisions de bouche et butinent les matières destinées aux constructions; une autre les élabore et les met en œuvre, ce sont les abeilles cirières d'Huber; d'autres, nourrices pleines de tendresse, se dévouent à l'éducation des petits[3]. Toutes, sentinelles vigilantes, font une garde assidue autour de l'habitation, assurent à l'intérieur la propreté la plus minutieuse, y maintiennent une exacte police, et sont toujours prêtes à repousser l'agresseur, quel qu'il soit, qui tenterait d'envahir la demeure commune. Faites exclusivement pour le travail, les ouvrières composent à elles seules presque toute la population de la ruche; elles en représentent la vie active; aussi, toutes circonstances égales, sa prospérité est-elle en raison directe de leur nombre.

Les dehors d'une ruche, au retour de la belle saison, donnent la plus haute idée de ce peuple essentiellement travailleur. Depuis le lever du soleil jusqu'à son déclin, tout y est mouvement, diligence, empressement; c'est une série incessante d'allées et de venues, d'opérations variées qui commencent, continuent, s'achèvent pour recommencer encore. Des centaines d'abeilles arrivent des champs, chargées de matériaux et de provisions; d'autres les croisent et vont à leur tour en campagne. Ici, de prudentes sentinelles explorent chaque nouvel arrivant; là, des pourvoyeuses, pressées de retourner au travail, s'arrêtent à l'entrée de la ruche où d'autres abeilles les déchargent de leur fardeau; ailleurs, c'est une ouvrière qui engage une lutte corps à corps avec un téméraire étranger[1]; plus loin, les agents voyers de la ruche la débarrassent de tout ce qui gêne la circulation ou nuit à la salubrité; sur un autre point, des ouvrières sont occupées à traîner au dehors le cadavre d'une de leurs compagnes[2]; toutes les issues sont assiégées par une foule d'entrants et de sortants, les portes suffisent à peine à cette multitude pressée, affairée. Tout paraît désordre et confusion aux abords de la ruche, mais le tumulte n'est qu'apparent, un ordre admirable préside à cette émulation dans le travail qui distingue les abeilles. L'activité générale est prodigieuse, il est facile d'en juger par un calcul très-simple. Au plus fort des travaux, dans les grands jours, une ruche bien peuplée donne entrée à cent abeilles par minute. En supposant que l'affluence soit la même depuis cinq heures du matin jusqu'à sept heures du soir, c'est-à-dire pendant quatorze heures d'excursions répétées, il y aura 84 000 rentrées, ce qui, pour une ruche peuplée seulement de 20 000 abeilles, donne un peu plus de quatre sorties pour chacune allant en quête dans la campagne. A mesure qu'un certain nombre d'abeilles rentrent dans la ruche, d'autres en partent pour reprendre le travail, leur ardeur n'est suspendue que par les temps froids ou pluvieux.

Mais, tandis que tout s'agite au dehors de la ruche, que se passe-t-il dans son intérieur? quelles sont les mœurs de ce peuple étrange? quelle est son architecture? comment sont organisés les ateliers où la cire et le miel jouent un si grand rôle? quels travaux particuliers occupent les abeilles? quelle est, en un mot, leur vie intime? Le rare talent d'observation d'un Réaumur, d'un Huber va nous l'apprendre.

Le premier soin des abeilles qui s'établissent dans une ruche est de faire subir à leur domicile une opération préliminaire, elles en bouchent toutes les fentes et n'y laissent que les ouvertures indispensables pour l'entrée et la sortie de ses habitants[6]. Des éclaireurs battent la campagne. Un détachement d'ouvrières part à la recherche d'une matière résineuse, ductile, odorante, d'un brun rougeâtre, appelée *propolis*, destinée à revêtir les parois de la ruche; on croit qu'elles la recueillent sur les bourgeons des plantes. Cette espèce de gomme visqueuse adhère fortement; l'abeille ne peut la détacher que parcelle à parcelle et à grand renfort de coups de dents qui la moulent en boulettes. Sous cette forme, le tarse de la première paire de pattes, agissant comme une main, s'en empare et la transmet au tarse de la seconde patte, d'où elle passe sur la palette de la troisième paire de pattes. Chaque parcelle de propolis vient ainsi s'ajouter successivement à celles précédemment déposées, et, pour qu'elles fassent corps ensemble, le tarse de la seconde paire de pattes s'avance en dessus des parcelles amoncelées et les frappe à plusieurs reprises avec son premier article disposé en brosse; sous cette pression, les parcelles visqueuses se tassent et se fixent en pelote sur la palette : l'abeille alors de s'envoler et de regagner sa ruche. La propolis est collée avec tant de force sur la jambe de l'abeille, qu'elle s'en débarrasserait difficilement elle-même; ses compagnes lui épargnent ce travail.

A peine a-t-elle atteint son domicile, une ouvrière prend avec ses mandibules une petite portion de la matière gluante fixée contre la jambe de l'abeille : tandis qu'elle fait effort pour arracher ce que ses dents ont saisi, la propolis s'allonge comme une gomme résineuse; l'abeille la tire à plusieurs reprises, et quand elle est parvenue à séparer du reste de la pelote ce petit fragment, elle l'emporte, le ramollit, le presse pendant quelque temps entre ses mandibules et l'applique aux endroits où il existe quelque fissure à boucher. Aussitôt une autre abeille remplace l'insecte officieux ; quelquefois, deux ouvrières attaquent en même temps chacune des deux jambes postérieures de l'abeille porteballe, celle-ci se trouve bientôt délivrée de son fardeau. La propolis, molle et ductile au moment où les ouvrières l'emploient, ne tarde pas à durcir et à former un abri impénétrable au vent et à la pluie ; toutes les parois de la ruche en sont enduites; les abeilles s'en servent aussi pour embaumer, après les avoir tués, les limaçons assez hardis pour envahir leur ruche ; elles en usent de même à l'égard des autres corps putrescibles qu'elles ne pourraient rejeter au dehors à cause de leur volume.

Lorsque le domicile est clos, qu'il ne reste plus ni fentes, ni crevasses, ni ouvertures inutiles, les abeilles jettent les fondements de leurs constructions, la cire en fait les frais.

On a cru pendant longtemps que le pollen recueilli par les abeilles était la matière même de la cire. Swammerdam la regardait comme une cire brute humectée par le liquide de la poche à venin. Réaumur, en conjecturant qu'elle sortait de la bouche de l'insecte pétrie sous forme de bouillie ou de liqueur mousseuse, avait entrevu une partie de la vérité. Il avait bien deviné que le corps de l'abeille était le laboratoire où se faisait la conversion en cire, et que celle-ci, après avoir été digérée, acquérait toutes ses propriétés; mais quelle était son origine? comment les abeilles la préparaient-elles? où allaient-elles la prendre avant de s'en servir? c'est ce qui avait échappé à sa sagacité. Il était réservé à Huber de prouver, par des expériences répétées, que les abeilles, nourries exclusivement de pollen, ne fournissent jamais de cire, que le suc miellé des végétaux, ainsi que toute liqueur sucrée, en sont les principes constitutifs. La cire se forme par voie de transsudation dans les poches placées à la base des segments abdominaux des abeilles, elle y déborde sous la figure de lamelles irrégulièrement pentagones, cassantes, qui n'acquièrent la ductilité nécessaire à leur mise en œuvre qu'autant que l'ouvrière les a tirées de ses anneaux et les a fait passer par certaines préparations*.

C'est toujours au sommet de la ruche que les abeilles commencent leur édifice. Elles se pelotonnent en divers groupes pour ce genre de travail. Accrochées les unes aux autres par une seule patte ou par leurs deux pattes postérieures, elles se sus-

* Voir, à la fin de cette histoire, les expériences d'Huber sur l'origine de la cire.

pendent à la voûte, tantôt sous forme de chaînes ou de guirlandes, tantôt en grappes ou masses compactes. Dans cette attitude, elles se tiennent d'abord immobiles et attendent, sans doute, que le miel déposé dans leur estomac se soit changé en cire. Bientôt, l'une d'elles se détache du groupe dont elle fait partie ; avec sa patte elle tire une petite lame de cire engagée dans les segments de la face ventrale de son abdomen, et la porte à sa bouche où les mandibules la brisent et la concassent. Ces fragments sont ensuite hachés, et sortent de cette espèce de filière sous la figure de rubans très-étroits; la lèvre inférieure les imprègne alors d'une liqueur écumeuse analogue à de la bouillie ; ainsi enduits, ils repassent une seconde fois entre les mandibules et sont triturés derechef ; c'est leur dernière préparation pour devenir aptes à être employés : l'abeille applique cette parcelle de cire contre le sommet de la ruche, au point qui forme saillie. Une seconde, une troisième plaque sont façonnées de la même manière par la même abeille et s'ajoutent successivement à la première assise. Ses matériaux épuisés, l'insecte quitte sa place et s'en va dans les champs renouveler ses provisions ; une autre ouvrière lui succède, et ainsi de suite. Tant que dure la construction, chaque abeille qui revient du dehors chargée de miel s'accroche à l'un des groupes de maçonnes, y reste dans un repos absolu jusqu'à ce que les matériaux sucrés, suffisamment élaborés dans son corps, se soient convertis en matière à cire, et vient, à son tour, apporter son contingent aux fondations. Celles-ci, activées par le grand nombre d'ouvrières, ne tardent pas à surgir ; des blocs de cire à surface raboteuse descendent perpendiculairement au-dessous de la voûte. Ce premier travail des abeilles est loin de donner une idée de leur admirable talent d'architectes ; on n'y découvre aucun angle, aucune trace de cellule de figure régulière; ce ne sont que des noyaux informes, de simples blocs, mais tout à l'heure, façonnés par l'art le plus ingénieux, ils deviendront le chef-d'œuvre de l'industrie des insectes.

« La géométrie, dit Réaumur, semble avoir tracé le dessein du travail des abeilles et en avoir conduit l'exécution. Elles avaient à résoudre ce problème : « *Une quantité de cire étant donnée, en former des* « *cellules égales et semblables, d'une capacité détermi-*« *née, mais la plus grande possible par rapport à la* « *matière employée, et tellement disposées, qu'elles oc-*« *cupent dans la ruche le moins d'espace possible.* » Pour satisfaire à cette dernière condition, les cellules doivent se toucher, sans qu'il reste entre elles aucun espace angulaire, aucun vide à remplir. Les abeilles ont triomphé de ces difficultés en construisant des cellules qui sont des tuyaux à six pans égaux, des tuyaux hexagones. Tout ce qu'elles pouvaient faire de mieux pour ménager le terrain et la matière, c'était de composer leurs gâteaux de deux rangs d'alvéoles tournés vers des côtés opposés; toute la cire nécessaire pour former les fonds des cellules d'un des gâteaux à un simple rang de cellules est ainsi épargnée dans le gâteau double. La destination des cellules voulait que chacune eût un fond plus étroit que le reste et se terminât en pointe; chaque cellule est un tuyau hexagone posé sur une base pyramidale; le fond de chaque cellule est un angle solide formé par la réunion de trois pièces, de trois lames de cire quadrilatères; la solidité de l'édifice est assurée par la figure de chaque cellule et par la manière dont elles sont disposées les unes par rapport aux autres. Les abeilles avaient le plus grand intérêt à ménager la cire, elles l'économisent en donnant peu d'épaisseur aux parois de leurs cellules : les pièces du fond et les parois du tube sont extrêmement minces. Il fallait, néanmoins, que les cellules fussent capables de résister à tous les mouvements des abeilles qui y entrent et en sortent en différents temps; le bord de l'ouverture, surtout, ayant plus à souffrir qu'en aucun autre endroit, les abeilles ne manquent pas de le fortifier, elles ajoutent tout autour de la circonférence de l'ouverture de la cellule un cordon de cire qui rend le bord trois ou quatre fois plus épais qu'il ne le serait, s'il n'avait que l'épaisseur des pans. C'est ainsi qu'un faible insecte se trouve résoudre un des problèmes difficiles de la géométrie, avec la seule ressource de son instinct et sans autre secours que sa bouche et ses pattes appropriées à ce but.

Les abeilles déploient tant d'activité à jeter les fondements de leur habitation, elles se portent en si grand nombre et avec tant d'ardeur à ce travail, s'entr'aidant mutuellement, qu'il n'est pas facile de les suivre dans les détails de leurs opérations. Au premier aspect, le trouble et la confusion semblent s'être emparés de la cité ; mais lorsqu'on est pourvu d'une bonne ruche vitrée et de beaucoup de patience, on s'aperçoit bien vite que l'ordre et l'harmonie président à ses travaux, et l'on distingue aisément les instruments à l'aide desquels les ouvrières modèlent la cire. Les fonds des premières cellules ou alvéoles sont creusés dans les blocs primitifs, les abeilles les sculptent avec leurs mandibules, qui leur tiennent lieu de lime et de rabot. Travaillent-elles sur d'anciennes constructions ? elles les reprennent et les continuent en établissant d'abord la base d'une cellule. Leurs mandibules saisissent une portion de cire, la battent de chaque côté par des coups alternatifs et répétés, l'aplanissent et la réduisent à une épaisseur déterminée. La base de toute cellule se compose de trois petites lames égales et semblables, faites en rhombe. Les abeilles commencent par façonner un de ces rhombes. Sur chacun de ses côtés externes, elles attachent une petite lame qu'elles allongeront plus tard et qui formera une des faces de l'hexagone, c'est-à-dire qu'après avoir élevé un des trois murs de cire en rhombe, elles établissent sur les deux côtés du mur de fondation les fondements de deux des murs de l'hexagone; elles travaillent ensuite à faire un autre rhombe de la base qu'elles assemblent avec le premier dans l'inclinaison qu'il doit avoir; sur les deux côtés extérieurs de celui-ci, elles esquissent encore les fondements de deux des pans de l'hexagone; enfin, elles ferment et finissent la base en y ajoutant le troisième rhombe semblable aux deux premiers, et achèvent d'ébaucher les fondements de l'hexagone en mettant une lame de cire sur chacun des côtés extérieurs de ce dernier rhombe. »

Tandis que des ouvrières prolongent les pans d'un tuyau hexagone, il en est qui jettent les bases de plusieurs nouvelles cellules; d'autres mettent à profit les fondements de celles d'une des faces du gâteau pour construire des cellules sur la face opposée, car elles travaillent à la fois des deux côtés aux alvéoles. Dans certaines circonstances, telles, par exemple, que l'extrême fécondité de la mère abeille, elles ne donnent aux nouvelles cellules qu'une partie de la profondeur qu'elles doivent avoir; elles les laissent imparfaites jusqu'à ce que elles aient ébauché toutes celles qui leur sont actuellement nécessaires; enfin, les bords de chaque gâteau ne sont faits, pour ainsi dire, que des fondations de diverses cellules.

Malgré toute leur habileté, ce n'est qu'après beaucoup de labeur que les abeilles peuvent dresser les parois des cellules et les rendre aussi minces et aussi unies qu'elles doivent l'être définitivement. Dans le principe, leur solidité est exagérée, mais des ouvrières sont chargées de limer et de polir ce premier travail brut; le plus grand nombre est occupé à mouler et perfectionner le dedans des cellules. L'exiguïté de l'espace ne permet qu'à une seule ouvrière à la fois de dresser et d'aplanir les parois internes d'un alvéole. L'abeille commence par y faire entrer sa tête, elle rabote les parois avec l'extrémité de ses mandibules, et, par une série de coups précipités, en détache des fragments de cire. Ces espèces de copeaux ne sont pas dédaignés; les mandibules qui les ont détachés ne les laissent pas tomber; l'abeille en fait une petite boule de la grosseur d'une tête d'épingle, elle sort de la cellule et va porter cette cire sur quelque point de la ruche. Elle ne l'a pas plutôt quittée, qu'une autre ouvrière prend sa place et continue le même ouvrage : naturellement, elle entre plus avant la tête la première dans la cellule si les endroits à polir sont plus rapprochés du fond; s'agit-il de travailler ce fond même? l'insecte s'enfonce tout entier dans la cellule; une fois engagé dans ce puits, l'extrémité de son abdomen dépasse à peine les bords de l'ouverture.

Des abeilles, nouvellement établies dans une ruche vide, ne tardent pas à y jeter les fondements d'un gâteau, qu'elles attachent au centre si la ruche est en cloche, et dans un angle lorsque sa forme est carrée; elles l'allongent et l'élargissent avec une incroyable célérité (elles peuvent, en effet, bâtir plus de quatre mille alvéoles en vingt-quatre heures); mais, avant de lui donner toute l'étendue qu'il doit avoir, elles se partagent en plusieurs ateliers. Une partie des ouvrières commence un second gâteau, un autre groupe en entreprend un troisième : cette division du travail permet à un plus grand nombre d'ouvrières d'y prendre un rôle et de faire marcher plus vite la besogne, sans qu'elles s'embarrassent mutuellement.

Les alvéoles, d'abord simplement ébauchés, sont, tour à tour, dégrossis, polis, perfectionnés, et finalement transformés en cellules hexagones, à six côtés parfaitement réguliers, excepté aux parois de la ruche, où ils n'ont que cinq pans, afin que de plus larges bases les fixent plus solidement à la cloison; leurs bords sont fortifiés d'un cordon de propolis. La réunion de deux séries de cellules adossées l'une à l'autre constitue ce qu'on nomme un gâteau ou rayon à deux faces, composé d'un nombre considérable et à peu près égal de cellules. Le point central de chaque alvéole est toujours le point de réunion d'un des côtés des trois alvéoles opposés, de sorte que toutes les cellules ont leurs parois de la même épaisseur, d'un demi-millimètre. Les gâteaux, commencés au sommet de la ruche, descendent perpendiculairement et sont, en général, parallèles les uns aux autres; leur épaisseur est d'environ vingt-deux millimètres. Ils embrassent toute la largeur de la ruche et occupent souvent toute sa hauteur; l'abeille les fixe au sommet par une espèce de pied en cire, et les soude aux parois à l'aide d'un épatement à rayons formé de cire et de propolis : partout où elle en trouve la possibilité, elle les assujettit par de nombreuses attaches; sans cette précaution, ils rompraient sous leur propre poids dès qu'ils seraient remplis de miel ou chargés de couvain; dans ce dernier cas, toutes les larves qu'ils contiennent seraient sacrifiées dans leur chute et tuées sans pitié par les abeilles; il faut donc que les rayons soient solidement attachés.

Les gâteaux ne se touchent pas; huit ou dix millimètres de distance les séparent les uns des autres; ce sont les rues de la cité : deux abeilles peuvent y passer à la fois. Outre ces grandes voies de communication, d'autres ouvertures à peu près rondes, espèces de portes toujours ouvertes, traversent les rayons de part en part, et évitent aux abeilles de longs circuits pour se rendre d'un gâteau à un autre ou sur d'autres points de la ruche. Ces passages, du reste, ainsi que les rayons ne sont pas tous modelés sur une forme absolue, les abeilles s'accommodent aux lieux et aux circonstances. On trouve des ruches dont les gâteaux sont tous parallèles les uns aux autres, c'est le cas le plus ordinaire; dans d'autres, les gâteaux qui occupent, de haut en bas, une partie de la ruche, sont encore parallèles entre eux, mais ceux qui remplissent le reste de l'habitation sont obliques aux premiers. Les abeilles, en commençant un second gâteau, l'attachent souvent au bout opposé à celui auquel le premier gâteau est assujetti; ce second gâteau doit être parallèle au premier, et il ne doit rester entre eux qu'un intervalle limité. Ont-elles, par aventure, mal pris leurs mesures, et le second gâteau s'écarte-t-il trop du premier? les abeilles, pour regagner une partie du vide provenant de leur mauvaise disposition, le dirigent obliquement; à mesure qu'elles l'étendent, elles lui donnent une inclinaison qui le rapproche de l'autre; elles font plus quelquefois, elles remplissent certains espaces de gâteaux tous parallèles entre eux, mais inclinés ou même perpendiculaires aux rayons précédemment construits : l'abeille, comme l'ont prétendu quelques auteurs, n'est donc pas une simple machine organisée; elle juge donc quelquefois et se montre, dans certains cas, susceptible de certaines combinaisons[7].

Tout gâteau de construction récente, est blanc, mais la cire prend rapidement une teinte dorée; avec le temps, elle perd son éclat; sa couleur passe du jaune intense au brun, et finit, dans les vieilles ruches, par devenir d'un noir roussâtre, analogue à celui de la suie.

Les cellules des gâteaux n'ont pas toutes la même dimension; on en distingue trois espèces correspondant aux trois sortes d'abeilles qui garnissent une ruche au printemps.

Les cellules les plus nombreuses et les plus petites sont celles des ouvrières; elles forment, en conséquence, la majeure partie des gâteaux; la plupart occupent le milieu de la ruche, c'est-à-dire que, s'il y a huit gâteaux, les quatre rayons du milieu seront exclusivement composés d'alvéoles d'ouvrières ; un gâteau d'alvéoles de mâles les flanquera à droite et à gauche, et chacun de ceux-ci se trouvera bordé, à son tour, par un nouveau gâteau ne contenant que des cellules d'ouvrières. Le diamètre d'une cellule d'ouvrière est d'un peu plus de cinq millimètres, sa profondeur atteint ordinairement douze millimètres.

Les cellules de mâles, quoique variables en profondeur, sont plus grandes, dans toutes leurs dimensions, que celles des ouvrières ; elles descendent quelquefois au delà de dix-huit millimètres et leur diamètre n'a jamais moins de sept millimètres : bien moins nombreuses que les premières, elles forment corps à part dans la ruche et ne sont jamais mêlées parmi les alvéoles d'ouvrières.

Les cellules de la troisième sorte, désignées sous le nom de cellules royales, ne ressemblent en rien aux deux autres. Autant les alvéoles de mâles et d'ouvrières sont minces, autant ceux-ci sont épais. Construits avec un mélange de cire et de propolis, parfaitements lisses à l'intérieur, et semblables à un dé arrondi, ils s'allongent en une sorte de tube oblong, plus gros près d'un de ses bouts qu'à l'autre, de deux centimètres environ de longueur, couvert extérieurement de petites cavités ou guillochis, et présentant, quand il n'est qu'ébauché, l'aspect d'une cupule de gland. Leur position sur les gâteaux n'est pas, non plus, la même que celle des autres cellules. Attachés par un pédicule au bord des gâteaux, ils y sont suspendus verticalement, l'ouverture tournée en haut, tantôt faisant saillie au milieu d'un gâteau, tantôt isolés à sa partie inférieure, en manière de stalactites ; ils n'existent jamais qu'en très-petit nombre dans les ruches ; la cire y est employée avec profusion : leur poids correspond à celui de 150 alvéoles d'ouvrières. Rien ne semble coûter aux abeilles pour bâtir les somptueux édifices destinés aux femelles chargées de la propagation de l'espèce : c'est tout un Louvre, dit spirituellement Réaumur.

Les cellules royales servent de berceau aux jeunes femelles. Les autres reçoivent un œuf qui, après son éclosion, se développera en larve sous son premier état d'insecte, se changera ensuite en nymphe et se transformera enfin, dans sa dernière période, en abeille ailée, ouvrière ou mâle[8].

Indépendamment de leur usage comme berceaux, les cellules ont encore une autre destination, elles servent à loger les provisions. Les alvéoles où les larves se sont développées sont souvent des magasins à miel avant d'être employés comme nids ; souvent aussi, ils ont cette affectation après que l'insecte y a subi ses différentes métamorphoses.

Un grand nombre de cellules, cependant, sont réservées uniquement pour les provisions, les abeilles les font plus creuses que les autres, elles ont parfois jusqu'à vingt-deux millimètres de profondeur sur un diamètre qui n'en excède jamais cinq. Lorsque la récolte du miel est si abondante, que les vaisseaux manquent pour la loger, les ouvrières sortent de leur voie accoutumée; elles allongent les anciennes cellules, ou bien elles donnent aux nouvelles des dimensions plus considérables que celles des alvéoles ordinaires : leurs ressources en l'art de bâtir sont toujours au niveau de leurs besoins.

Ce n'est pas seulement le miel que les ouvrières renferment dans leurs cellules, elles y mettent aussi le pollen en dépôt. L'abeille qui arrive à la ruche les pattes garnies de poussières polliniques arrondies en pelotes, s'accroche avec ses deux jambes de devant contre le bord d'une cellule où ni larve ni miel ne sont contenus; elle y fait entrer ses deux jambes de derrière chargées du butin conquis sur les fleurs en courbant un peu son corps en dessous, de manière qu'il se rapproche de sa tête, et, à l'aide de ses jambes mitoyennes, elle pousse dans l'intérieur de l'alvéole les pelotes collées à ses jambes : cette seule impulsion suffit pour les détacher et les faire tomber dans la cellule. La plupart du temps, l'ouvrière, après s'être débarrassée de sa charge, part pour aller vaquer à un autre travail, ou bien va se joindre à un des groupes d'abeilles qui réparent leurs forces par un repos momentané. Les deux lentilles de pollen ne sont pas plutôt au fond de la cellule, qu'une ouvrière y entre la tête la première ; elle presse, pétrit et humecte ces pelotes avec ses mandibules, les imbibe d'un certain liquide, et dispose la masse pollinique aplatie de façon à la rendre parallèle à l'ouverture de l'alvéole. Toute cellule qui a reçu des pelotes de poussières végétales devient magasin à pollen. Plusieurs portions des gâteaux n'ont que des cellules remplies de cette matière; certaines cellules isolées en sont également pleines; on en trouve aussi quelques-unes dispersées çà et là, entre des alvéoles garnis de couvain et d'autres chargés de miel : quelle que soit la couleur des pelotes au moment où l'abeille les porte à sa ruche, elles perdent leur nuance naturelle après avoir été macérées et digérées dans le corps de l'insecte.

Les magasins à pollen sont loin d'être aussi multipliés que ceux qui logent le miel; cette dernière substance forme évidemment la principale nourriture des abeilles, aussi en font-elles de larges provisions : lorsque la bise sera venue, elles n'auront plus rien à butiner dans la campagne, il leur faudra puiser dans leur réserve pour se défendre contre la famine ; elles consommeront alors tout ou partie du miel ramassé pendant la belle saison. On sait déjà comment l'ouvrière le recueille. Sa trompe, dardée avec rapidité entre les pétales, alternativement allongée et raccourcie comme le jeu d'un piston, récolte le miel par gouttelette sur les fleurs et le conduit à la bouche, d'où il est chassé d'abord dans l'œsophage, puis dans le premier estomac. Cet estomac, quand il est vide, ne présente, dans toute son étendue, que l'aspect d'un mince filet blanc, d'un égal diamètre; mais, à mesure qu'il se remplit de miel, il se gonfle et prend la figure d'une vessie à parois transparentes, circonscrite par un étranglement. A partir de cette limite, commence le second estomac, espèce de tube, en grande partie cylindrique et contourné, cerclé de cordons charnus placés les uns à côté des autres, comme les cercles d'un tonneau; il aboutit à un nouvel étranglement, point de départ des intestins : le miel ne se rencontre jamais que dans le premier estomac.

Chaque fleur ne fournit à l'abeille qu'une minime quantité de suc mielleux ; il faut que la pauvrette en courtise un bien grand nombre pour remplir son sac; lorsqu'elle est suffisamment lestée, elle retourne à la ruche, se rend auprès d'une cellule et y dégorge son miel.

Les abeilles ne procèdent pas à cet emmagasinage

au hasard et par caprice : elles emplissent leurs alvéoles dans un certain ordre, elles commencent par les cellules supérieures des gâteaux les plus élevés. L'ouvrière, de retour de ses excursions, s'arrête sur le bord d'une des cellules qu'il s'agit de remplir; elle y fait entrer sa tête et y verse le suc récolté; il sort en miel de sa bouche quand elle le dégorge, il ne ressemble plus au nectar des fleurs, il est plus épais, moins visqueux et a perdu une partie de son arome primitif : selon toute probabilité, il a été digéré et a subi une sorte de coction intérieure qui modifie ses vertus primitives. Le miel dégorgé par une abeille pendant une de ses stations ne saurait combler la capacité de la cellule; pour qu'elle soit remplie, il faut le concours de plusieurs ouvrières, il faut que chacune d'elles vienne y verser successivement son butin : elles y entrent, à tour de rôle, la tête la première, et l'y déposent, couche par couche. Du fond de la cellule jusque près de l'endroit encore vide, le miel paraît d'une même nuance, mais la dernière couche, quelle que soit la quantité de miel déjà contenue dans l'alvéole, semble plus consistante que le miel des autres couches : on dirait une espèce de croûte qui retient le reste du liquide dans le vase. Cette dernière couche est contournée. Pour lui faire prendre une forme infléchie, l'abeille s'arrête près de la croûte de miel, elle la

BIBLIOTHÈQUE PUBLIQ

sinue l'extrémité de ses deux premières jambes sous la plaque mielleuse, et introduit soudain par cette ouverture une grosse goutte de miel qui, pénétrant sous la croûte, se mêle avec le reste et perd bientôt sa figure arrondie : dans l'espace de deux minutes, la même abeille verse ordinairement deux semblables gouttes de miel, et, avant de quitter la place, elle façonne la croûte avec ses jambes et lui imprime une courbure.

L'ouvrière, dit Réaumur, ne se défait pas toujours de son miel en le dégorgeant dans une cellule, elle en trouve souvent le débit chemin faisant. Quand elle rencontre de ses compagnes auxquelles le besoin de nourriture se fait sentir, elle s'arrête, redresse et étend sa trompe et la leur présente chargée de miel, celles-ci la sucent avec le bout de leur trompe. Le même sentiment de fraternelle assistance la porte encore auprès des ateliers où des travailleuses sont occupées à bâtir, polir ou fortifier des cellules ; elle leur offre du miel, comme si, comprenant la valeur du temps, elle voulait leur éviter de quitter leurs travaux pour aller vaguer dans les champs.

Le miel qui remplit les magasins est destiné à la consommation journalière des abeilles, et doit aussi servir de réserve pour les temps difficiles où la froidure, le vent, la pluie, la neige les empêcheront de pourvoir, au dehors, à leur nourriture et les consigneront au logis[9]. Pendant le mauvais temps accidentel, les abeilles usent du miel qui doit être consommé le premier ; c'est là aussi que puisent les travailleuses trop affairées pour aller en quête hors de la ruche; chaque abeille, du reste, n'en prend que ce qui est strictement nécessaire à la réfection de ses forces. Les cellules qui le renferment, abandonnées, pour ainsi dire, à la discrétion des ouvrières, sont faciles à reconnaître, elles restent toujours ouvertes ; les autres, véritables greniers d'abondance, sont fermées d'un opercule ; on ne les ouvre jamais que dans les cas de grande nécessité. Ce couvercle consiste en une lame plate, dont la figure est déterminée par le contour de l'orifice de la cellule. Les abeilles commencent par mettre une ceinture de cire sur le bord interne d'un des côtés de l'ouverture, elles entourent ensuite d'un semblable cordon toute sa circonférence intérieure, l'ouverture est ainsi rendue plus étroite; une seconde ceinture appliquée contre la première rétrécit tellement l'orifice, qu'elle le réduit à un trou minime, un simple grain de cire suffit pour le boucher. L'abeille, ici, se comporte comme l'ouvrier le plus expérimenté. Le magasin à miel est plein jusque près du bord, et il faut non-seulement appliquer, mais encore fabriquer le couvercle sur la surface mielleuse, sans toucher au miel, sans qu'il mouille la cire que l'ouvrière met en œuvre; les mesures sont si bien prises, que toutes les parties du couvercle se joignent exactement, il serait impossible de les mieux assembler. Encore que les gâteaux pendent verticalement dans la ruche, et que la position de chaque alvéole ne s'écarte guère de l'horizontale, le miel de conserve ne coule pas hors des cellules ; il reste cependant plusieurs jours sans être bouché et les alvéoles sont aussi remplis qu'ils peuvent l'être. Cette particularité s'explique facilement. D'un côté, l'espèce de croûte qui recouvre le miel aide à le retenir dans la cellule ; de l'autre, le miel, même liquide, est toujours épais et tenace, le tube qui le contient a peu de diamètre; ses parois de cire lui servent de point d'attache, et chaque particule de miel se trouve soutenue contre les particules voisines par son adhérence avec celles qui sont fixées aux parois du vase. Le couvercle dont les cellules sont fermées a surtout pour but de maintenir le miel dans une certaine liquidité, c'est sous cet état de fluidité que les abeilles le préfèrent : il ne manquerait pas de prendre de la consistance et de devenir dur et grenu si les cellules restaient ouvertes; il s'en perdrait, en outre, une grande partie par l'évaporation résultant de la température élevée de la ruche.

Le temps de la récolte du miel est un de ceux où règne la plus grande activité parmi les abeilles; elles sortent aussitôt l'apparition du soleil et ne cessent leurs excursions que lorsqu'il a disparu de l'horizon. Sans cesse occupées à butiner, les unes se répandent dans les champs et les forêts; les autres vont à la recherche de l'eau, dont elles font une grande consommation à cette époque; on est alors au plus fort des travaux[10]. La construction des alvéoles marche avec rapidité, les gâteaux s'allongent et s'étendent presque à vue d'œil; de toutes parts les abeilles bâtissent, bâtissent encore; un grand événement se prépare dans la ruche, les ouvrières semblent en avoir conscience, elles redoublent d'efforts, la mère abeille va commencer sa ponte.

On le sait déjà, son unique fonction est de donner le jour à une nombreuse postérité. Malgré les quinze ou dix-huit cents mâles qui peuplent son sérail, ce n'est ni dans la ruche ni sur les fleurs qu'elle trouve la fécondité, elle la cherche dans le vague des airs. Le lendemain du jour où les abeilles prennent possession de leur domicile est ordinairement celui où la femelle vole à la rencontre des mâles. A l'heure donc où ceux-ci ont coutume de sortir de la ruche pour folâtrer au soleil, de midi à cinq heures du soir, elle part de la ruche pour son hyménée, tournoie quelques instants comme pour reconnaître sa position, s'éloigne et revient bientôt après au logis. Cette première sortie est-elle restée sans résultat? ne s'est-il présenté aucun mâle? elle prend son vol une seconde et même une troisième fois, jusqu'à ce que l'accouplement ait eu lieu : il coûte toujours la vie au faux bourdon. Tant que la jeune femelle était vierge, elle était comme indifférente aux ouvrières, qui ne la traitaient guère autrement qu'une de leurs semblables; mais à peine est-elle rentrée à la ruche avec les signes certains de sa fécondation, qu'elle devient pour les abeilles un objet de vive sollicitude, leurs soins et leurs prévenances l'entoureront désormais pendant toute sa vie. Elle ne sera plus laissée seule à elle-même dans la ruche, comme une de ses simples habitantes, un groupe d'abeilles l'accompagnera toujours pour lui faire cortége. Marche-t-elle? un certain nombre d'ouvrières s'avancent à sa rencontre et se placent latéralement sur deux files; lorsqu'elle poursuit son chemin, d'autres se rangent derrière elle; sa cour grossit de minute en minute; bientôt un cercle se fait autour d'elle, les rangs s'ouvrent chaque fois qu'elle se porte en avant. Et ce ne sont pas là, vraiment, les seuls hommages qu'on lui rende! Il n'est sorte de bons offices qu'on ne lui prodigue; plusieurs abeilles s'approchent d'elle et la lèchent, d'autres lui brossent, lui caressent les diverses parties du corps, quelques-unes lui présentent leur trompe chargée de miel ".

La femelle, une fois fécondée, l'est pour toute sa vie. En général, quarante-six heures après l'accouplement, si rien ne fait obstacle à sa liberté et si la température n'est pas contraire, elle commence sa ponte. Désertant sa place ordinaire à l'intérieur de la ruche, dans les intervalles que laissent entre eux les gâteaux, elle gagne la surface extérieure des rayons; chemin faisant, elle inspecte chaque cellule en y faisant entrer sa tête. L'intérieur reconnu vide, la femelle se retourne de bout en bout, introduit une partie de son abdomen près du bord de l'alvéole et y laisse tomber un œuf : la substance visqueuse qui l'enduit le colle, à l'instant même, contre le point de la cellule avec lequel il entre en contact. L'œuf se présente sous la forme d'un petit corps oblong, blanc-bleuâtre, et paraît presque suspendu en l'air dans la cellule, par suite de son inclinaison à l'horizon. Sa ponte et sa mise en place sont l'affaire d'un instant. A peine une cellule a-t-elle reçu un œuf, que la femelle en sort pour faire de même dans la cellule voisine, et ainsi de suite, sans autre interruption que de courts intervalles, espèce de temps de repos que s'accorde l'abeille chaque fois qu'elle a pondu cinq ou six œufs. Quelquefois elle est si pressée de pondre, qu'elle lâche ses œufs dans des alvéoles à peine ébauchés; il arrive alors qu'elle en laisse tomber plusieurs dans la même cellule, mais les ouvrières s'en aperçoivent bien vite, elles enlèvent les œufs surnuméraires et les détruisent. Toute cellule ne doit contenir qu'un seul œuf à la fois, car l'insecte qui l'habitera sous différents états est appelé à la remplir en entier quand, de larve, il passera sous la forme de nymphe et deviendra ensuite abeille parfaite.

La ponte ne dure pas toute l'année, elle cesse dès que le froid se fait sentir ; même dans les temps favorables, la mère abeille reste, parfois, plusieurs jours de suite sans pondre. La véritable cause de ces temps d'arrêt est encore ignorée. Au printemps la ponte est, en quelque sorte, incessante; la femelle ne pond pas moins de deux cents œufs par jour en moyenne; dans l'espace de deux mois on en compte plus de douze mille; les ovaires en contiennent jusqu'à vingt mille à la fois.

L'opération de la ponte n'interrompt pas les travaux des abeilles, loin de là; pourvoyeuses et cirières redoublent d'ardeur; seulement deux ou trois ouvrières ont pour mission de s'attacher à la mère abeille: elles s'empressent de la lécher, de la brosser, tandis que d'autres abeilles lui offrent de la nourriture au bout de leur trompe.

La distribution des œufs dans les alvéoles n'est pas abandonnée au hasard : chaque œuf, suivant le sexe de l'abeille qu'il renferme, est logé dans la cellule qui lui est destinée, rarement la mère abeille se trompe à cet égard. La ponte elle-même a lieu d'après des règles déterminées. Les œufs d'ouvrières sont les premiers pondus ; pendant les onze premiers mois de son existence comme femelle ailée, la mère-abeille n'en pond pas d'autres. Jusqu'à l'hiver, cette ponte n'est pas très-abondante ; elle cesse pendant la morte saison, pour recommencer de plus belle au printemps. Vers le onzième mois, la femelle se met à pondre des œufs de mâles ; leur nombre total, dans chaque ruche, varie de quinze cents à trois mille ; quelques œufs d'ouvrières continuent, pendant ce temps, d'être déposés dans les cellules. La ponte des œufs de mâles dure ordinairement trente jours ; vers le vingtième jour, les ouvrières posent les fondements de plusieurs cellules royales, en sacrifiant souvent un certain nombre de cellules ordinaires pour leur servir de base et de support ; elles en font de seize à vingt. La mère abeille pond de nouveau des œufs d'ouvrières, ainsi qu'un certain nombre d'œufs de mâles, et, dix jours après cette ponte, alors que les alvéoles royaux ont de quatre à six millimètres de longueur, elle dépose un œuf dans chacun d'eux, en laissant un ou deux jours d'intervalle entre ces dernières pontes, afin que les jeunes femelles qui en naîtront n'éclosent pas toutes en même temps et puissent fournir des chefs à plusieurs essaims.

L'œuf pondu dans un alvéole royal ne diffère en rien des œufs d'ouvrières : l'espace et le genre de nourriture donnés à l'insecte pendant son premier âge modifient sa nature au point de le rendre apte à reproduire son espèce ou de le frapper de stérilité.

Des œufs d'ouvrières d'abord, puis des œufs de mâles, et ensuite des œufs de mères abeilles et d'ouvrières, voilà l'ordre régulier de la ponte annuelle des femelles pendant toute leur vie, lorsque leur fécondation a suivi de près la dernière métamorphose. Mais il n'en est plus de même quand elle a éprouvé un retard considérable, le résultat des pontes est alors complétement changé. S'est-il écoulé plus de seize jours et moins de vingt et un depuis la transformation de la femelle en insecte ailé? elle pondra encore des œufs d'ouvrières, de mâles et de mères abeilles, mais le nombre des œufs de mâles égalera presque celui des œufs d'ouvrières. L'effet d'un retard plus prolongé dans la fécondation est encore bien plus surprenant : si elle a été reculée jusqu'au vingt et unième jour et au delà, la femelle ne pondra plus, à partir de la quarante-sixième heure de l'accouplement, que des œufs de mâles pendant toute la durée de son existence*. Dans cette circonstance exceptionnelle, les femelles dont l'accouplement a été aussi longtemps différé ne semblent plus posséder la même infaillibilité d'instinct qui les guide dans leurs actions : il arrive parfois qu'elles placent les œufs de mâles, non pas sur les losanges servant de fond aux alvéoles, mais sur leur plan inférieur et à quatre millimètres de l'ouverture; les larves qui en naîtront devront passer cette seconde phase de leur vie à la place même où l'œuf a été déposé. Pour elles, cette situation est sans difficulté, car les abeilles, conduites par une sorte de réflexion, allongent hors du plan du gâteau les cellules sur lesquelles l'œuf se trouve implanté près de l'orifice. L'instinct de ces mêmes femelles dont la fécondation n'a pas eu lieu à temps paraît encore en défaut sur un autre point; elles se trompent quelquefois par rapport au logement afférent aux œufs d'après le sexe de l'insecte qu'ils contiennent, en pondant des œufs de faux bourdons dans les cellules royales : cette méprise n'a jamais lieu quand les pontes sont normales.

La haute température de la ruche ne tarde pas à faire éclore les œufs pondus par la mère abeille. Toutes les abeilles, quel que soit leur sexe, passent

* Voir, à la fin de ce chapitre, les expériences d'Huber sur les mères abeilles dont la fécondation a été retardée.

trois jours sous le premier état rudimentaire. Au début de leur vie, les soins des ouvrières leur sont tout à fait inutiles ; il n'en sera pas de même après l'éclosion. Depuis le moment où la larve sort de l'œuf jusqu'à celui de sa métamorphose en nymphe, elle occupe la même position dans la cellule ; elle s'y tient roulée en cercle, de telle sorte que l'anus et la tête se trouvent en contact. Appliquée contre le fond de l'alvéole, elle repose sur un lit de bouillie qui forme comme le dossier de son siége et lui sert de nourriture, elle en est toujours pourvue ; il lui serait impossible, dans son étroite prison, d'aller chercher ses vivres : mais les ouvrières sont pour elles de véritables nourrices, elles les visitent à différentes heures du jour. L'abeille chargée de ce soin entre la tête la première dans la cellule où se trouve une larve et renouvelle ses provisions ; d'autres viennent inspecter successivement les cellules et reconnaître si leurs nourrissons ont bien tout ce qu'il leur faut : un seul coup d'œil leur suffit à cet égard. Souvent l'ouvrière visite d'abord rapidement un certain nombre de cellules à la fois, et ne s'arrête que lorsque cette revue générale est faite ; elle revient alors sur ses pas, entre dans l'une des cellules qui ne lui semble pas suffisamment approvisionnée, et y dégorge la bouillie sur laquelle le corps de la larve demeure couché.

Cette bouillie, dans les cellules habitées par une larve récemment sortie de l'œuf, est blanchâtre, insipide et semblable à la colle de farine. Où les abeilles la prennent-elles? on l'ignore; on sait seulement que la poussière fécondante des végétaux est un de ses ingrédients : selon toute apparence, elle résulte d'une préparation spéciale que le miel et le pollen subissent dans le corps de l'insecte. D'après les expériences d'Huber, les ouvrières, privées de pollen, bien qu'ayant du miel en abondance, refusent d'élever les larves écloses dans leur ruche; au contraire, elles leur fournissent immédiatement de la nourriture, même emprisonnées dans leur habitation, dès qu'on met conjointement à leur disposition du miel et du pollen. Dans les cellules de larves plus âgées, d'une grosseur déjà plus que moyenne, la bouillie prend un goût de miel plus prononcé; chez celles qui sont presque au terme de leur premier développement, son goût très-sucré est relevé d'une pointe d'acidité, et, de blanchâtre qu'elle était quand elle tapissait le fond d'une cellule de très-jeune larve, elle devient plus transparente et ressemble davantage à de la gelée; sa couleur tire sur le jaunâtre ou le verdâtre. On serait tenté d'en conclure que la nourriture des larves passe ainsi par une sorte de gradation, et que les ouvrières amènent peu à peu les petits à se nourrir de miel, un jour leur unique, sinon leur principale nourriture, lorsqu'ils seront parvenus à l'état d'insectes parfaits.

La digestion se fait, chez la larve, sans laisser le moindre résidu au dehors; l'insecte est affranchi des basses nécessités. Son accroissement, pendant cette période, s'effectue complétement dans l'espace de cinq jours; la nourriture, dès lors, ne lui est plus un besoin jusqu'à ce qu'il ait pris des ailes; aussi, au moment où il est sur le point de se changer en nymphe, ne trouve-t-on plus de bouillie au fond de sa cellule; cette pâtée a été entièrement absorbée. « Dès sa naissance, dit Réaumur, la larve se roule, mais le rouleau qu'elle décrit est alors si petit, qu'il laisse bien du vide entre sa circonférence et les parois de la cellule. Au bout de deux jours environ, ce vide est rempli; ce même rouleau formé par la larve s'applique contre le contour de la portion de la cellule à laquelle il répond; un seul tour ne suffit plus pour la longueur de son corps, toutes ses parties se sont accrues en même temps : la tête se trouve posée au-dessus du pénultième anneau; le corps, que sa position empêche de s'étendre du dos vers le ventre, ne peut le faire que vers les côtés, il est forcé de prendre une figure aplatie. Mais vient un temps où la larve est mal à son aise d'être roulée et où elle doit chercher à s'allonger, ce temps arrive quand le moment de sa première métamorphose approche ; c'est aussi à cette époque que les abeilles cessent de lui apporter une nourriture désormais inutile. Le dernier des soins qu'elles lui rendent est de la renfermer dans sa petite loge, d'en murer, pour ainsi dire, l'ouverture avec de la cire. Plusieurs abeilles travaillent à la fois ou les unes après les autres à faire un couvercle à la cellule et à l'appliquer exactement sur ses bords ; ceux-ci lui servent d'appui ; la larve se trouve ainsi renfermée dans une espèce de boîte hermétiquement close.

C'est après son incarcération dans sa propre cellule que la larve se déroule, se redresse et s'allonge. Bien qu'apode, elle n'est pas condamnée à une immobilité absolue, elle s'avance petit à petit dans son alvéole, en tournant en spirale ; lorsque approche le moment de sa métamorphose, elle n'est plus qu'à quatre millimètres de l'orifice de la cellule, on l'y voit contournée en arc. »

Jusqu'ici, manger, dormir, en son gîte songer, ont été ses seules occupations ; mais à peine le couvercle de sa prison cellulaire s'est-il fermé sur elle, que son instinct de filandière s'éveille, elle devient tapissière à l'instar des chenilles, et se fabrique une tenture de soie très-fine et très-serrée qui suit toutes les faces et tous les angles de son logis : trente-six heures sont consacrées à cet ouvrage. Chaque larve d'ouvrière et de mâle a soin de tapisser ainsi les parois de sa cellule; c'est pourquoi, en un certain temps, l'alvéole se trouve revêtu d'une chemise intérieure composée d'autant de coques soyeuses appliquées les unes sur les autres, que la cellule a compté successivement de locataires; ces coques sont si minces, qu'il en faut un grand nombre pour que l'habitation en devienne sensiblement plus étroite.

Trois jours après que la larve a fabriqué sa tenture, elle se métamorphose en nymphe, mais auparavant il lui faut se défaire de son enveloppe; cette mue est un temps de crise et s'opère comme dans la chenille: la peau se fend sur le dos; la nymphe s'extrait peu à peu, et à grand'peine, par la fissure qui s'y est déclarée; elle force la peau à rebrousser en arrière, et finit par s'en débarrasser entièrement. En sortant de sa tunique, l'abeille laisse voir toutes ses parties extérieures : les antennes, les jambes et la trompe, ramenées en avant, du côté de l'abdomen; ses organes sont au grand complet, et n'ont plus qu'à prendre de la consistance pour acquérir toute leur énergie vitale et remplir les fonctions qui leur sont dévolues.

La jeune ouvrière passe sept jours et demi sous la forme de nymphe, sans prendre aucune nourriture, elle vit sur son propre fond. Ce n'est d'abord qu'un masque blanchâtre, mais au bout de quelque temps ses yeux prennent une teinte rouge dont l'intensité augmente chaque jour, sa peau se fonce de plus en plus, son corps et son corselet se couvrent de poils grisâtres ; elle est presque en état d'apparaître au grand jour, mais auparavant elle doit accomplir l'acte périlleux de sa dernière délivrance. Et, d'abord, elle se dépouille du voile mince et transparent qui tenait toutes ses parties extérieures emmaillottées; puis elle fait usage de ses mandibules en guise de pince et de tenaille pour s'ouvrir une issue à travers l'étroite prison où elle est retenue captive. Armée d'une de ses dents, elle fait un trou au milieu du couvercle de sa cellule, saisit une particule de cire et la hache jusqu'à ce qu'elle soit entièrement détachée de l'opercule.

La brèche est ouverte. Encouragée par son succès, la jeune abeille attaque avec ses mandibules ce qui lui fait encore obstacle. Déjà, le couvercle laisse passer une plus grande partie de la tête; l'ouverture s'élargit de plus en plus; après trois heures d'un assaut sans relâche, la place est démantelée, l'opercule vole en éclats, la pauvre prisonnière peut passer hors de la cellule sa tête et sa première paire de pattes. Tout n'est pas fini cependant, il reste encore une dernière tâche ardue à remplir : on a vu des abeilles périr épuisées après une demi-journée de travail, le corps à demi sorti de l'alvéole, mais n'ayant pu tenter un dernier effort pour s'affranchir entièrement : que fait donc la jeune abeille? Aidée de ses deux premières jambes devenues libres, elle se cramponne sur les bords du trou qu'elle a pratiqué et se tire en avant. La première paire de pattes lui forme un point d'appui solide ; bientôt, les deux jambes mitoyennes sortent à leur tour ; quand la dernière paire de pattes est hors du fourreau, toute difficulté sérieuse a disparu, le reste du corps ne tarde pas à être dégagé de toute étreinte : l'abeille victorieuse se pose sur ses six jambes, non loin de la cellule qu'elle vient d'abandonner; désormais, elle est libre : vingt jours s'étaient écoulés depuis l'instant où l'œuf avait été pondu, jusqu'à celui où l'insecte avait pris des ailes.

Les mâles subissent leurs métamorphoses de même que les ouvrières, sauf qu'ils restent six jours et demi à l'état de larves, et ne deviennent insectes parfaits que le vingt-quatrième jour après leur naissance. Comme les ouvrières, au moment de passer à leur second changement, ils sont enfermés dans leurs cellules par un couvercle de cire, mais ce couvercle est bombé ; ils se filent également une coque complète avant d'être métamorphosés en nymphes.

Il n'en est pas de même des femelles destinées à propager l'espèce. Non-seulement leurs cellules sont plus grandes, plus ornées et d'une architecture différente de celle des autres, mais les ouvrières ne les allongent jamais qu'après que l'œuf y a été déposé; elles les agrandissent au fur et à mesure que la larve prend son accroissement, et, lorsque celle-ci est sur le point de se changer en nymphe, elles ne se contentent pas d'y apposer un couvercle, elles rétrécissent l'alvéole royal, mais peu à peu, et de façon que ce travail ne soit pas achevé avant que la nymphe approche du moment de sa métamorphose suprême. Ces particularités ne sont pas les seules qui caractérisent l'éducation des jeunes femelles; le luxe et la profusion qu'on remarque dans leurs palais se retrouvent jusque dans leur alimentation. Au lieu de cette simple bouillie distribuée aux mâles et aux ouvrières, les larves des mères abeilles sont nourries d'une substance plus épaisse, plus sucrée, espèce de ragoût mêlé d'aigre et de poivré, connu sous le nom de *gelée royale*. Les abeilles la leur dispensent avec prodigalité, à ce point que, tandis qu'on ne trouve plus trace de bouillie dans la cellule de l'ouvrière ou du mâle qui vient de passer à l'état de nymphe, les cellules royales contiennent encore, à ce moment, un volume de gelée égal à celui de la larve, tant l'éducation des mères abeilles s'écarte des règles ordinaires!

C'est à cette gelée spéciale, ainsi qu'à la dimension des alvéoles royaux, que les larves de mères abeilles doivent le principe de leur fécondité; c'est aussi ce qui explique comment des abeilles qui ont perdu leur femelle peuvent la remplacer à volonté quand la ruche contient des larves de moins de trois jours. Dans cette circonstance, elles choisissent une larve d'ouvrières, elles agrandissent sa cellule en démolissant les alvéoles environnants, et lui préparent une ample provision de gelée. Cette nourriture en fait bientôt une femelle douée d'une étonnante faculté de reproduction: Schirach est l'auteur de cette belle découverte vérifiée par maintes expériences*. Telle est encore l'influence prolifique de la gelée royale, que s'il vient à en tomber quelques parcelles dans les petites cellules qui environnent les alvéoles royaux, les larves d'ouvrières auxquelles elles servent de berceaux et qui se nourrissent de cette gelée, reçoivent une portion de fécondité; leurs caractères extérieurs ne laissent pas d'être ceux des ouvrières ou neutres, mais elles ont, de plus que les abeilles sans sexe, la possibilité de s'accoupler avec les mâles, seulement elles ne pondront jamais que des œufs de faux bourdons**; elles les déposent dans les cellules de mâles où les

* Voir les expériences d'Huber relatives à l'influence qu'exerce la gelée royale sur les larves d'ouvrières âgées de trois jours au plus et leur conversion en reines.

** Voir les expériences d'Huber sur l'influence de la gelée royale par rapport aux larves d'ouvrières qui s'en nourrissent.

ouvrières restées neutres leur rendent exactement les mêmes soins qu'aux autres. Au reste, ces mères par accident ne vivent pas longtemps, la mère abeille en fait promptement justice. Elles ont ce singulier rapport avec les femelles dont la fécondation a été retardée, qu'elles pondent aussi quelquefois leurs œufs dans les cellules royales, mais les abeilles ne manquent jamais de détruire les larves qui en proviennent, trois jours après la clôture de leurs alvéoles, encore qu'elles les aient nourries assidûment jusque-là.

Le cinquième jour, lorsque la jeune femelle est sur le point de finir son temps de larve, les abeilles ferment sa cellule d'un couvercle de cire, comme elles le font pour les ouvrières et les mâles. L'insecte emploie vingt-quatre heures à se filer une coque; il garde un repos absolu le dixième et le onzième jour et même les seize premières heures du douzième; mais, au lieu de revêtir de soie toutes les parois de sa cellule, comme chez les larves de mâles et d'ouvrières, sa coque n'enveloppe que la tête, le corselet et le premier anneau de l'abdomen, le reste est à nu, et partant vulnérable : la jalousie furieuse des mères abeilles sait bien que c'est là le défaut de la cuirasse, lorsqu'elles cherchent à percer leurs rivales de leur dard. On ne trouve jamais qu'une seule coque dans les alvéoles royaux, ceux-ci sont toujours détruits dès que les femelles en sont sorties ; leurs fondements seuls sont respectés, les abeilles y élèvent des cellules hexagones.

La femelle, dans l'alvéole royal, est tout autrement posée que les mâles et les ouvrières dans leurs cellules ; elle a la tête en bas, au lieu que les autres l'ont placée verticalement et même un peu en haut ; elle passe quatre jours un tiers sous la forme de nymphe, et devient insecte parfait le seizième jour après que l'œuf a été pondu.

A l'exception des mères abeilles qui sont en état de prendre leur vol dès qu'elles se sont tirées de leurs cellules, les jeunes abeilles, mâles et ouvrières, ne peuvent faire usage de leur liberté immédiatement après être sorties de prison ; leurs organes sont trop faibles, leurs ailes sont encore pliées et trempées d'humidité ; il faut que tout leur être s'affermisse avant qu'elles puissent prendre l'essor. Au sortir de l'alvéole, la jeune abeille se pose sur un gâteau ; bientôt deux ou trois ouvrières se rendent près d'elle, la lèchent, essuient avec leur trompe toutes les parties de son corps, la brossent et lui offrent du miel. Tandis qu'elles s'acquittent de ces bons offices, d'autres abeilles visitent la cellule qui vient d'être abandonnée et la disposent à recevoir un nouvel œuf ou à servir de magasin d'approvisionnement. Ce changement de destination s'opère rapidement. Une ancienne habitante de la ruche n'a pas plus tôt avisé la cellule vide, qu'elle y entre la tête la première, saisit avec ses mandibules une des deux peaux de larve ou de nymphe laissées par l'insecte à chacune de ses métamorphoses, et la porte sur-le-champ hors de la ruche; au même instant, une autre abeille prend sa place dans l'alvéole et en retire la seconde dépouille dont elle débarrasse également le logis. Sur ces entrefaites, plusieurs abeilles entrent les unes après les autres dans l'alvéole et en enlèvent tous les débris qu'il contient encore, mais sans toucher à la tenture de soie dont la larve avait tapissé son berceau avant de se changer en nymphe; enfin, d'autres ouvrières font disparaître ce qui reste encore du couvercle mis en pièces; elles réparent les bords de la cellule, et la rendent aussi nette, aussi lisse qu'une cellule nouvellement construite : à part la coque dont elle est intérieurement revêtue, il serait difficile de l'en distinguer.

Vingt-quatre ou trente heures après avoir quitté son alvéole, l'abeille a suffisamment séché son corps et ses ailes et peut aller jouir, au grand air, de la lumière et de sa liberté. Elle sait déjà, quoique novice dans la vie, tout ce qu'elle aura à faire pendant la durée de son existence; son instinct la guidera presque toujours avec sûreté, ce qui ne l'empêchera pas, dans certains cas, de faire preuve de réflexion et, par suite, d'apporter à ses actes habituels des modifications déterminées par le besoin ou les circonstances. Ainsi que ses compagnes, l'abeille tirée de sa cellule sort de la ruche, gagne les champs et se met aussitôt à chercher sur les végétaux non-seulement la nourriture nécessaire à sa propre vie, mais les matériaux destinés à l'édifice social, à l'éducation des larves et à la vie en commun. La nature est son seul maître. Dès sa première excursion, ses pattes sont chargées de propolis ou de pelotes de pollen, et, bien qu'elle n'ait encore quitté qu'une seule fois la ruche, elle n'a pas besoin de guide pour en reconnaître le chemin, elle le retrouve d'elle-même, sans peine et sans jamais s'égarer : merveilleuse organisation, qui, jusque dans un faible insecte, montre l'intervention pleine de bonté d'une Providence sans cesse occupée à veiller à la conservation de ses créatures.

Du moment que plusieurs larves ont commencé de naître, l'éclosion n'est plus interrompue que par les variations de l'atmosphère. Chaque jour de nouvelles abeilles sortent par centaines de leurs cellules, la population de la ruche augmente à vue d'œil et monte comme un flot envahisseur. Beaucoup de mâles sont parvenus à l'état d'insectes parfaits ; de jeunes femelles n'attendent plus que l'instant de leur délivrance ; au bout de quelques semaines, le nombre des abeilles est devenu si considérable, que la ruche peut à peine les contenir, et qu'une partie d'entre elles est obligée de déserter : c'est une des causes de l'essaimage.

On dit que les abeilles *essaiment*, quand la plupart abandonnent la mère patrie pour aller fonder ailleurs une colonie. L'émigration n'est pas fatalement annuelle, quoique d'ordinaire elle ait lieu chaque année. Il n'y a d'essaims qu'autant que la ruche, animée par la présence d'une mère normalement féconde, possède de nombreux citoyens, des mâles capables de reproduire, et de jeunes femelles dans les cellules royales. Si la cité compte peu d'habitants, les ouvrières ne construisent pas d'alvéoles royaux à l'époque de la ponte des œufs de mâles, l'essaimage est ajourné au printemps suivant, en supposant, toutefois, que la ruche se trouve alors dans les conditions voulues pour qu'elle *jette* : lorsque, dans ce laps de temps, elle n'a pu réparer ses pertes, son affaiblissement ne saurait se prolonger, sa ruine est infaillible, imminente.

Toutes les causes de l'essaimage sont loin d'être connues. L'exubérance de population, sans contredit, l'un des motifs de la formation des essaims, n'est pas la seule raison déterminante de leur départ. On voit, en effet, des ruches ne pas essaimer, quoiqu'elles regorgent d'habitants et qu'une partie des abeilles soient forcées de se tenir ramassées en pelotons sur le plateau et le surtout de la ruche. D'autres, au contraire, peu peuplées, vont former de nouveaux établissements. Divers contre-temps, comme le froid, la pluie, le vent, peuvent retarder l'émigration; dans tous les cas, cette grande détermination de quitter le lieu de sa naissance n'est prise par les abeilles que lorsqu'elles y sont entraînées par un chef [12] : la mère se met toujours à la tête du premier essaim, les autres sont conduits par de jeunes femelles récemment délivrées de prison.

La sortie d'un essaim est généralement annoncée quelques jours à l'avance par des signes précurseurs auxquels on ne se méprend pas, pour peu qu'on soit familiarisé avec les abeilles. L'apparition des mâles pourvus d'ailes est un premier indice. Tant qu'on ne les aperçoit pas, la ruche a beau être encombrée, les ouvrières ne désertent pas, elles quittent seulement un intérieur où la chaleur est devenue suffocante, elles s'entassent et s'amoncellent par milliers au dehors.

Aux approches de l'essaimage, un bourdonnement particulier à la ruche sur le point de perdre une partie de sa population se fait entendre le soir et même pendant la nuit. D'autres fois, les abeilles semblent plongées dans un profond silence; mais si l'on prête attentivement l'oreille contre la ruche, un son s'en échappe par intervalles, tantôt grave, tantôt aigu; on le dirait produit par la vibration d'une seule abeille, il résulte des coups répétés dont les ouvrières frappent l'air de leurs ailes[13]. Enfin, le jour où la ruche doit jeter, les abeilles, si empressées de sortir en foule les jours précédents, ne vont plus butiner qu'en petit nombre, quoique le temps et la saison soient très-favorables à leurs courses; ce présage ne manque jamais: on les croirait instruites de la résolution qui va bientôt s'accomplir.

Au cœur de la cité, l'événement s'annonce par un signe avant-coureur bien étrange: la ruche est livrée à la confusion et au désordre, les abeilles paraissent frappées de vertige. La mère abeille se prend la première d'agitation au bruissement des jeunes femelles emprisonnées (peut-être la véritable cause de l'essaimage); elle parcourt les différents endroits de la ruche, examine les cellules, veut se jeter sur les alvéoles royaux, mais elle en est empêchée par les sentinelles qui les gardent; ici elle dépose un œuf dans une cellule, là elle passe outre sans pondre et marche sur les abeilles qui se trouvent sur son passage. Vient-elle à s'arrêter? les abeilles qui la rencontrent s'arrêtent; d'autres fois, celles-ci s'avancent brusquement au-devant d'elle, la frappent avec leur tête et lui grimpent sur le corps; elle s'éloigne alors, emportant en croupe quelques ouvrières. C'en est fait de ses priviléges, des marques de déférence et des bons soins qu'on lui rendait d'habitude, c'est maintenant la cour du roi Pétaud; plus de cortége, plus de haies d'honneur, plus de cercles lui ouvrant la voie; aucune abeille ne lui offre de miel; s'il lui en faut pour ses besoins, qu'elle aille elle-même le prendre dans les cellules ouvertes à tout venant, les ouvrières semblent ne plus la reconnaître ni comme reine, ni comme l'âme de tout un peuple. Cependant, l'espèce de vertige dont la mère est saisie se communique à toute la ruche; partout où elle se porte, le trouble marque ses pas. Les premières abeilles qu'elle heurte dans sa course effrénée s'élancent à sa suite, courent de ci, de là, tourbillonnent et inoculent leur agitation à toutes leurs compagnes. La fièvre, une fois déclarée, ne se calme plus; la mère abeille parcourt ainsi tous les points de la ruche, et, dans son trouble extrême, laisse tomber ses œufs au hasard au lieu de les déposer dans les cellules. La ruche entière est en proie au délire : le soin des larves est abandonné; les pourvoyeuses, les cirières, arrivant des champs, ne sont pas plus tôt dans la cité, qu'elles participent à ses emportements frénétiques, elles courent, à l'aveugle, à travers l'habitation, sans songer à se débarrasser de leur pollen ni à vider leur miel dans les magasins; enfin, à un instant donné, un bourdonnement plus fort que les bourdonnements ordinaires soulève toute cette masse, le signal est donné, la foule se précipite vers les portes, les ouvrières prennent l'essor, la mère abeille s'envole avec l'essaim.

Suivant les pays, les essaims abandonnent leur habitation à une époque variable de l'année, selon que la saison se montre plus ou moins chaude, plus ou moins précoce en fleurs, mais toujours quand la ruche possède ses trois sortes d'abeilles : une mère, de jeunes femelles sur le point de la remplacer, des mâles pourvus d'ailes et des ouvrières. Sous le climat de la France, leur départ le plus général a lieu dans les mois de mai et de juin, ordinairement depuis dix heures du matin jusqu'à trois ou quatre heures de l'après-midi. L'émigration ne se produit jamais que par un jour serein ou, pour mieux dire, dans un instant du jour où le soleil luit de tout son éclat et où le temps est calme : un nuage passant devant le soleil intercepte-t-il ses rayons au moment où l'essaim allait s'échapper? l'agitation, inséparable des approches du jet, cesse à l'instant même, le calme renaît dans la ruche, comme si les abeilles ne songeaient plus à essaimer; mais, dès que le soleil reparaît, le tumulte recommence, il prend rapidement toutes ses proportions jusqu'à l'extrême effervescence, rien ne retient plus alors les abeilles : en quelques secondes, toutes celles qui doivent composer l'essaim abandonnent la ruche.

Des ruches en pleine prospérité, chargées de population, sous un climat chaud et abondant en fleurs, peuvent, comme dans notre Midi, fournir trois et quatre essaims lorsque l'année est très-favorable; mais, dans le nord de la France, elles en donnent rarement plus de deux sans s'affaiblir extraordinairement et sans compromettre leur destinée future. Toutes circonstances égales, l'essaim sorti le premier dans l'année est toujours le meilleur; non-seulement il l'emporte sur les autres par l'immense quantité d'abeilles dont il est formé, mais ses ouvrières se mettent à l'œuvre et plus tôt et dans une saison plus propice, partant, il a plus de temps pour s'approvisionner avant l'hiver : il n'est pas rare de le voir jeter lui-même trois semaines après s'être séparé de la ruche mère ; les essaims postérieurs fournissent exceptionnellement des rejets dans l'année de leur sortie. L'intervalle du départ entre le premier et le second essaim varie de sept à dix jours ; un temps plus court sépare le second et le troisième essaim ; le quatrième suit presque immédiatement le troisième. Il n'y a rien de bon à espérer de ce produit tardif, en général condamné à végéter, sinon à périr misérablement : les teignes, la gallerie de la cire ont bientôt dévoré ses précaires ressources.

A voir l'agitation furieuse qui précipite l'essaim hors de la ruche, il semble que l'habitation va se trouver complétement dépeuplée ; mais son abandon n'est absolu que de la part des émigrantes, pour les autres, il n'est qu'apparent. En effet, il s'en faut bien que toutes les abeilles d'une ruche désertent à la fois. Toutes, il est vrai, sont saisies d'un irrésistible vertige, assiégent les issues et veulent s'échapper au dehors ; mais là, leur foule même fait obstacle à la fuite, elles s'entassent et s'étouffent aux portes, de telle sorte que les ouvrières, serrées contre le plateau et supportant ainsi la charge de toute cette cohue, sont épuisées, baignées de sueur et dans l'impossibilité de faire usage de leurs ailes. Quand bien même elles parviennent à sortir, elles ne s'écartent pas de la ruche, elles s'arrêtent sur son support et ne tardent pas à rentrer. D'un autre côté, au moment de l'essaimage, une certaine quantité d'abeilles (un tiers, d'après Huber) sont occupées à butiner dans les champs ; leur tâche remplie, elles reviennent au logis et s'y comportent comme si rien d'extraordinaire ne s'était passé : voilà déjà le noyau d'une forte population. De plus, les cellules sont remplies de couvain ; à chaque instant, de nouvelles éclosions comblent le déficit occasionné par le départ de la colonie; les jeunes abeilles récemment sorties de leurs cellules ne font pas partie des émigrantes; bientôt la ruche, rendue à son calme habituel, a réparé ses pertes, toute trace de l'essaimage a, pour ainsi dire, disparu.

Au sortir de la ruche, l'essaim s'élève en tourbillonnant au-dessus d'elle; il se balance pendant quelque temps dans l'air, comme pour recruter toutes les abeilles qui doivent former la nouvelle colonie, et, quand les traînards ont rejoint, il prend sa volée [14]. Le chef, ainsi qu'on serait tenté de le supposer, ne désigne pas l'endroit où il convient de s'arrêter, ce choix appartient aux ouvrières; quelques-unes, véritables maréchaux des logis, se détachent du gros de la troupe et vont reconnaître les lieux. Une branche leur plaît, elles s'y fixent; d'autres les suivent, la plupart les y accompagnent et se posent les unes au-dessus des autres, cramponnées par leurs jambes : c'est alors que la mère abeille se joint à elles. Le peloton grossit de minute en minute; les abeilles encore répandues dans l'air s'empressent de s'y réunir, bientôt toutes ensemble ne composent plus qu'un seul massif plus ou moins épais, de figure variable, tantôt sphérique, tantôt pyramidal; son poids atteint quelquefois quatre kilogrammes; dans ce cas, l'essaim ne contient pas moins de 40 000 abeilles. Ainsi ramassé, il pend en forme de grappe[15], escorté seulement de quelques ouvrières qui voltigent autour; en moins d'un quart d'heure, bien qu'à l'air libre, toute cette masse naguère si bourdonnante est rentrée dans un calme parfait, c'est le moment de le recueillir. Si l'homme n'use pas de ses droits, la nature reprend les siens; au bout d'un certain temps, l'essaim s'envole et va s'établir dans le creux d'un arbre, dans le trou de quelque vieux bâtiment ou dans une cavité de rocher : il revient alors à sa condition première d'abeilles libres ou sauvages.

En général, l'essaim, une fois sorti de la ruche mère, n'y rentre plus ; c'est un rameau volontairement détaché du tronc commun, qui va s'implanter où bon lui semble et faire souche lui-même à son tour. Quelquefois cependant, les abeilles, suffisamment en nombre pour former un essaim, après avoir erré quelque temps dans l'air et même s'être fixées, retournent à leur ancien domicile. Ce fait se produit accidentellement dans les essaims secondaires : 1° lorsque la jeune femelle, après s'être montrée aux portes, n'a pu franchir le seuil de la ruche; 2° quand, vierge encore, elle a prématurément quitté son habitation avant d'être en état de pondre prochainement : dans l'un et l'autre cas, les abeilles reviennent avec elle sous le toit natal.

La mère abeille part toujours avec le premier essaim que jette une ruche au printemps. Tandis que la nouvelle colonie fait acte de premier occupant, prépare ses logements, bâtit et butine, et travaille à l'accroissement de la population par les soins qu'elle prend de la descendance de son chef, les abeilles restées dans l'ancienne-ruche font une garde sévère autour des alvéoles royaux où se trouvent de jeunes femelles à l'état de larves, de nymphes et même d'insectes parfaits, mais emprisonnées. Aucune de ces dernières ne sera retenue captive au delà du temps précis où elle doit jouir de sa liberté, mais aucune d'elles, non plus, ne sera délivrée avant son tour; toutes ne sortiront de leurs cellules que successivement, à quelques jours d'intervalle les unes des autres, suivant la date de leur âge. La consigne, sur ce point, est inflexible. Plus elles feront d'efforts pour s'affranchir, plus leurs gardiennes les surveilleront de près, rétablissant leur couvercle au fur et à mesure qu'elles le détruisent, et le refermant chaque fois qu'elles ont pris leurs repas au bout de la trompe de leurs nourrices.

Après un certain terme, la femelle issue du premier œuf pondu dans les alvéoles royaux sort de son berceau. Vierge encore, les ouvrières la traitent avec indifférence. Bientôt, cédant à l'instinct qui la pousse à détruire ses rivales, elle cherche à attaquer les cellules où celles-ci sont renfermées ; mais aussitôt qu'elle s'en approche, les abeilles la mordillent, la tiraillent, la chassent et la forcent de s'éloigner. Sa jalousie ne s'en allume que davantage ; elle s'acharne après les cellules royales, mais les abeilles de recommencer leur manége. Sans cesse tourmentée du besoin d'exterminer les autres femelles, sans cesse contrariée dans ce dessein et repoussée par les ouvrières, elle passe et repasse à travers la ruche pour gagner les différents points où les alvéoles royaux sont suspendus. De guerre lasse, elle entre en fureur, heurte, en courant, les groupes d'ouvrières et leur communique son transport; une foule d'abeilles se précipite vers les portes, la ruche jette un second essaim, la jeune femelle en fait partie. Cette émigration ne s'est pas plus tôt effectuée, que les abeilles restées fidèles à la mère patrie donnent la liberté à une autre femelle. Celle-ci, mue par le même besoin de se défaire de ses rivales dont la délivrance mettrait ses jours en danger, se jette sur les alvéoles royaux; mais les ouvrières font bonne garde, l'abord en est inaccessible. Repoussée, elle s'éloigne, revient encore à la charge, pour échouer, derechef, dans ses projets meurtriers. Sans cesse harcelée, elle ne procède plus que par mouvements brusques et désordonnés, au lieu de cette démarche grave qui la caractérise habituellement. Rencontrant, dans chaque partie de la ruche, des alvéoles royaux, elle croise ses ailes, appuie son abdomen contre une cellule et fait entendre un chant aigu analogue à celui de la cigale. A ce bruit toute agitation tombe, les abeilles baissent la tête et demeurent immobiles, comme frappées de stupeur. La femelle cesse-t-elle de chanter pour faire une nouvelle tentative sur les cellules royales? les ouvrières se rangent en cercle et l'empêchent d'y arriver; dans cette extrémité, elle ne se possède plus, elle court se heurter contre des groupes d'ouvrières et leur souffle sa frénésie. Les abeilles, à l'instant, se forment en phalanges serrées autour d'elle; tous ses pas sont contrariés, traversés; ivre de fureur, elle sort de la ruche et emmène avec elle un nouvel essaim. Dans les ruches très-peuplées, sous un climat chaud, ces scènes de tumulte et de révolution se répètent jusqu'à trois et quatre fois au printemps avec les mêmes circonstances. A la fin, la ruche se trouve tellement appauvrie par ces départs successifs, que les ouvrières ne peuvent plus faire une garde aussi assidue autour des cellules royales; plusieurs jeunes femelles font sauter le couvercle de leurs alvéoles, et, par suite, se trouvent au même instant en possession de leur liberté. Des événements particuliers vont signaler cette circonstance.

Au moment où les abeilles émigrent, il se peut que deux jeunes femelles, après avoir trompé la vigilance de leurs gardes, soient entraînées hors de la ruche, pêle-mêle avec la foule des déserteurs. Les abeilles se fixent alors sur le même arbre ou sur deux arbres voisins, partagées en deux grappes d'inégale grosseur; deux camps existent donc, et chacun d'eux renferme une femelle. Mais le moins fort en nombre ne tarde pas à être délaissé, comme si les abeilles étaient instruites qu'il leur est funeste de vivre en petites sociétés. Peu à peu, des ouvrières se détachent du peloton le plus faible et vont se réunir au second; la grappe la moins épaisse perd à vue d'œil de son volume; quand elle n'est plus composée que d'un petit nombre d'abeilles, toutes désertent cette station provisoire et vont faire corps avec l'autre massif qui a absorbé le premier : l'essaim renferme alors les deux mères.

Tant que les émigrants sont fixés sur leur branche, les choses se passent tranquillement; dans la ruche, c'est autre chose. A peine l'essaim a-t-il pris possession de son nouveau domicile, qu'un duel à mort, en champ clos, s'engage : de l'issue du combat dépendra la souveraineté, et, de même que dans les sociétés humaines, la force l'emportera souvent sur le droit, l'empire sera au plus fort ou au plus habile.

Deux mères ne sauraient exister à la fois en liberté dans la même ruche ; comment les abeilles, déjà surchargées de tant d'occupations, suffiraient-elles à tous les travaux qu'entraînent la construction des cellules, la nourriture du couvain, la garde des alvéoles, les approvisionnements, si elles avaient affaire à deux femelles douées, toutes deux, d'une prodigieuse fécondité? Infailliblement elles succomberaient à la peine; il faut donc que l'une des deux reines périsse : *dura lex, sed lex*[16]. Réaumur, sans avoir vu leurs combats, avait conjecturé qu'elles s'attaquaient réciproquement, et que l'un ou l'autre champion devait rester sur le carreau. Huber, plus heureux, fut souvent témoin de ces duels dont il est facile de se donner la représentation en introduisant une femelle soit vierge, soit féconde, dans une ruche déjà pourvue d'une mère abeille. « Nous étions, dit cet ingénieux observateur, au 15 mai 1790. Deux jeunes reines sortirent ce jour-là de leurs cellules, presque au même moment. Dès qu'elles furent à portée de se voir, elles s'élancèrent l'une contre l'autre, avec l'apparence d'une grande colère, et se mirent dans une situation telle, que chacune avait ses antennes prises dans les mâchoires de sa rivale; la tête, le corselet et le ventre de l'une étaient opposés à la tête, au corselet et au ventre de l'autre; elles n'avaient qu'à replier l'extrémité postérieure de leur corps, elles se seraient percées réciproquement de leur aiguillon et seraient mortes toutes les deux dans ce combat. Mais il semble que la nature n'a pas voulu que leurs duels fissent périr les deux combattantes; on dirait qu'elle a ordonné aux reines qui se trouveraient dans cette situation, c'est-à-dire face à face, et ventre contre ventre, de se fuir à l'instant même avec la plus grande précipitation. Aussi, dès que les deux reines sentirent que leurs parties postérieures allaient se rencontrer, elles se dégagèrent l'une de l'autre, et chacune s'enfuit de son côté.

« Quelques minutes après qu'elles se furent séparées, leur crainte cessa et elles recommencèrent à se chercher. Bientôt elles s'aperçurent, et nous les vîmes courir l'une contre l'autre; elles se saisirent encore comme la première fois et se mirent exactement dans la même position. Le résultat en fut le même : dès que leurs ventres s'approchèrent, elles ne songèrent plus qu'à se dégager l'une de l'autre, et elles s'enfuirent. Les abeilles ouvrières étaient fort agitées pendant tout ce temps-là, et leur tumulte paraissait s'accroître quand les deux adversaires se séparaient. Nous les vîmes, à deux différentes fois, arrêter les reines dans leur fuite, les saisir par les jambes et les retenir prisonnières plus d'une minute en se formant en cercle autour d'elles. L'une d'elles, moins gênée dans ses mouvements, voulait-elle se rapprocher de sa rivale? toutes les abeilles rompaient leurs massifs pour leur laisser l'entière liberté de s'attaquer, puis elles revenaient les serrer de nouveau si les reines paraissaient encore disposées à fuir. Enfin, dans une troisième attaque, celle des deux reines qui était la plus acharnée ou la plus forte, courut sur sa rivale au moment où celle-ci ne la voyait pas venir; elle la saisit avec ses mandibules à la naissance de l'aile, puis monta sur son corps et amena l'extrémité de son ventre sur les derniers anneaux de son ennemie qu'elle parvint à percer de son aiguillon; elle lâcha alors l'aile qu'elle tenait entre ses mandibules et retira son dard : la reine vaincue tomba, se traîna languissamment, perdit ses forces très-vite, et expira bientôt après. »

La victoire a prononcé. Débarrassée de son adversaire, la femelle survivante, désormais seule maîtresse au logis, reprend ses allures pacifiques et ne songe plus qu'à obéir à sa destinée. Elle sort momentanément pour aller à la rencontre des mâles; quarante-six heures après avoir été fécondée, elle pond et devient pour les ouvrières l'objet d'une constante sollicitude. Ainsi se termine l'orage passager qu'excite la présence simultanée de deux femelles entraînées fortuitement avec l'essaim; mais dans la ruche mère, qui a jeté la première, dont la mère abeille s'est séparée, emmenant avec elle une partie des habitants, les choses ne se passent pas de la même manière, de terribles exécutions doivent précéder l'ère de calme, de travail et de prospérité dont les abeilles jouiront jusqu'au retour du printemps suivant.

On se rappelle qu'au moment de l'essaimage, les alvéoles royaux renfermaient un certain nombre de femelles sous la forme de larves et de nymphes, et que plusieurs, au terme de leur complet développement, n'attendaient que le moment de leur délivrance pour s'emparer, à leur tour, du gouvernement. Une seule reine doit régner. La première femelle sortie de prison n'a pas plus tôt trouvé la fécondité à travers les airs, que l'instinct de sa propre conservation l'enflamme de fureur contre les autres femelles encore retenues dans leurs cellules ; grâce à sa qualité de mère en état de se reproduire sur-le-champ, il ne lui sera pas difficile de triompher de ses rivales, elles lui sont livrées; les ouvrières ne défendent plus les alvéoles royaux, la mère abeille les attaque tous, l'un après l'autre, et tue ses victimes avec son dard. Huber fut un jour témoin de cette exécution. « La reine, dit-il, se jeta avec fureur sur la première cellule royale qu'elle rencontra. A force de travail, elle parvint à en ouvrir la pointe. Nous la vîmes tirailler avec ses mandibules la soie de la coque qui y était renfermée, mais, probablement, ses efforts ne réussissaient pas à son gré, car elle abandonna ce bout de la grande cellule et alla travailler à l'extrémité opposée, où elle parvint à faire une plus grande ouverture. Quand elle l'eut assez agrandie, elle se retourna pour y introduire son ventre; elle fit différents mouvements en tous sens, jusqu'à ce qu'enfin elle réussit à frapper sa rivale d'un coup d'aiguillon. Alors elle s'éloigna de cette cellule, et les ouvrières qui, jusqu'à ce moment, étaient restées simples spectatrices de son travail, se mirent, après qu'elle eut quitté la cellule, à agrandir la brèche qu'elle y avait faite, et en tirèrent le cadavre d'une reine à peine sortie de son enveloppe de nymphe. Pendant ce temps, la reine se jeta sur une grande cellule et y fit également une large ouverture, mais elle ne chercha pas à y introduire l'extrémité de son ventre. Cette seconde cellule ne contenait pas, comme la première, une reine déjà développée, elle ne renfermait qu'une nymphe de reine. Il y a donc apparence que, sous cette forme, les nymphes inspirent moins de fureur à leurs rivales, mais elles n'en échappent pas mieux à la mort qui les attend ; car, dès qu'une grande cellule est ouverte avant le temps, les ouvrières en tirent ce qu'elle contenait, sous quelque forme qu'il s'y trouve, de larve, de nymphe ou d'insecte parfait, et la reine libre ne manque pas de les entamer toutes successivement. »

Le temps de l'essaimage est maintenant passé, chaque ruche est gouvernée par une femelle féconde, désormais sans crainte de rivales jusqu'au printemps prochain, puisque toutes les reines surnuméraires ont été détruites. Il semblerait que les abeilles n'ont plus qu'à entrer pacifiquement dans la saison du travail et des derniers approvisionnements nécessaires pour faire face à l'hiver, il n'en est rien : elles ont encore à se débarrasser des bouches inutiles. Les faux bourdons ont fini leur tâche de reproducteurs, à quoi serviraient-ils maintenant ? Ils ne vivraient plus que pour vider les magasins ; l'abeille, cette bonne ménagère, ne saurait permettre un tel abus, tous les mâles sont décrétés de mort : Sparte condamnait bien à périr les enfants qu'elle jugeait devoir être à charge à la république : *primo vivere*, disent les économistes. La sortie du dernier essaim donne le signal de cette autre Saint-Barthélemy. A peine la dernière colonie est-elle partie, les abeilles se jettent sur les faux bourdons, les poursuivent, et les chassent des gâteaux qui leur seraient un sûr asile, car jamais ils ne sont tués sur les rayons. De tous côtés, ces couards sont en pleine fuite; ils ont beau se réfugier au fond de la ruche et sur le plateau, les abeilles s'élancent sur eux; trois ou quatre ouvrières se mettent après un mâle; elles le saisissent par les antennes, par les jambes, par les ailes, et après l'avoir, en quelque sorte, écartelé, le tuent à coups d'aiguillon : leur dard ne l'a pas plus tôt percé entre les anneaux du ventre, qu'il étend les ailes, trébuche et meurt. Le massacre est général, il ne fait pas seulement justice des mâles adultes, il s'étend encore aux larves et aux nymphes du même sexe; les ouvrières les arrachent sans pitié de leurs cellules, les percent de leur dard, les sucent avidement, et, quand elles ont pompé toutes les matières fluides contenues dans leur corps, elles emportent leurs cadavres hors de la ruche et les jettent au vent.

Cette tuerie n'a jamais lieu que dans les ruches qui possèdent des reines normalement fécondes, et seulement après que la saison des essaims est passée; elle dure plusieurs jours, car toujours quelques proscrits parviennent à s'échapper, mais leur mort n'est différée que de peu : essayent-ils de rentrer dans leur habitation? les abeilles les ont bien vite saisis et occis; veulent-ils s'introduire dans les autres ruches? ils ne sont pas mieux accueillis que dans leur propre logis : de quelque côté qu'ils se tournent, ils sont exterminés.

Il est cependant une circonstance exceptionnelle où leur vie est épargnée, c'est lorsque la mère abeille, s'étant accouplée au delà du vingt et unième jour après sa dernière métamorphose, ne pond plus que des œufs de mâles pendant toute sa vie; les faux bourdons alors ne sont ni pourchassés, ni tués par les ouvrières, ceux des autres ruches échappés au carnage sont eux-mêmes bien accueillis: ils trouvent auprès d'elles bon gîte et bonne nourriture puisée au fonds commun. Dans ce cas, on les rencontre en nombre jusque dans le courant de l'hiver, si toutefois cette ruche, dont la population active ne peut plus ni se renouveler ni augmenter, subsiste encore: le plus souvent, le découragement s'empare de ses ouvrières, et, tôt ou tard, elles abandonnent un établissement condamné à dépérir journellement, faute d'un nombre suffisant de travailleurs.

Le découragement des abeilles peut dépendre de plusieurs causes. La stérilité absolue d'une mère, la stérilité relative de celle qui, ne pondant jamais que des œufs de mâles, ne peut plus raviver la ruche par de nouvelles générations d'ouvrières, une ruche épuisée par des essaims trop multipliés, n'ayant qu'une population chétive et des approvisionnements insuffisants, sans possibilité de les compléter, sont autant de causes d'affaiblissement, de marasme et de décadence. Mais de tous les malheurs qui peuvent fondre sur les abeilles, le plus grand, sans nul doute, est le défaut de reine : que sa perte provienne de mort naturelle ou d'accident, c'est un désastre souvent irréparable et qui entraîne presque toujours l'anéantissement de la société.

La mère abeille, il ne faut pas l'oublier, est l'âme et la vie de la ruche, c'est le principal mobile de sa prospérité. Une ruche privée de reine, ou qui n'a pas l'espoir fondé d'en avoir une prochainement, songe à peine au présent, encore moins à l'avenir; la vie s'arrête au milieu de ce peuple, naguère si actif et si laborieux; la misère le gagne, le découragement l'envahit, il tombe dans l'anarchie : la famine, le pillage, la ruine et la mort seront bientôt à ses portes [17]. La femelle n'est-elle que médiocrement féconde? même sort, ou à peu près. Les abeilles n'ayant plus devant elles la perspective d'une nombreuse postérité, cet aiguillon si vif du travail, ne ressentent aucune émulation; elles vivent au jour le jour, sans souci du lendemain, aussi, peu à peu l'oisiveté les mine; à coup sûr, elles finiront mal; de paresseuses, elles deviendront voleuses et ne tarderont pas à en subir le châtiment.

La perte si grave d'une mère abeille n'est pas toujours sans remède. Si la ruche contient des œufs d'ouvrières ou des larves de cette catégorie, âgées au plus de trois jours, elle peut s'en relever et redevenir florissante : le cas échéant, les abeilles ne manquent jamais d'user de cette ressource. Elles choisissent une ou plusieurs larves d'ouvrières écloses seulement depuis soixante douze heures, agrandissent leurs cellules et les nourrissent [18], jusqu'à leur métamorphose en nymphes, avec de la gelée royale : sous l'influence de cette alimentation généreuse une conversion étonnante s'opère, leurs ovaires primitivement atrophiés se développent, et transforment en mères fécondes des insectes destinés, dans l'origine, à n'être que des neutres. Ces femelles, en quelque sorte artificielles, sont exactement moulées sur les femelles naturelles; on retrouve en elles le même instinct, les mêmes passions, la même aversion pour leurs rivales, leurs mœurs ne diffèrent pas; elles ne sortent de la ruche que pour s'accoupler, et, une fois devenues fécondes, elles reçoivent les mêmes hommages, les mêmes soins que les autres mères, en un mot, elles jouissent, dans la ruche, de tous les priviléges de leur maternité.

Quand une mère est condamnée à ne jamais pondre que des œufs de mâles, on peut encore suppléer à son insuffisance; mais ici l'instinct des abeilles est impuissant contre cette anomalie funeste, il faut que l'intervention intelligente de l'homme vienne à leur secours. Rien de plus aisé; il suffit d'enlever de la ruche la femelle dégénérée et de la remplacer pas une mère régulièrement féconde. Cette substitution n'a jamais lieu naturellement dans l'ordre ordinaire des choses, elle ne pourrait s'effectuer qu'autant qu'une reine étrangère s'introduirait d'elle-même dans la ruche; or c'est ce qu'on ne voit jamais; la raison en est très-simple, Huber l'explique fort bien.

Les abeilles posent et entretiennent, nuit et jour, une garde suffisante aux portes de leur habitation. Ces sentinelles vigilantes examinent tout ce qui se présente, et, comme si elles ne s'en fiaient pas à leurs yeux seulement, elles palpent avec leurs antennes flexibles tous les individus qui veulent pénétrer dans la ruche. S'il se présente une reine étrangère, les abeilles de garde la saisissent à l'instant. Pour l'empêcher d'entrer, elles accrochent avec leurs dents ses jambes ou ses ailes, et la serrent de si près entre leurs cercles, qu'elle ne peut s'y mouvoir. Peu à peu surviennent de l'intérieur de la ruche de nouvelles abeilles qui se joignent à ce massif et le rendent encore plus épais; toutes leurs têtes sont tournées vers le centre où la reine est renfermée, et elles s'y tiennent avec une telle apparence d'acharnement, qu'il est impossible qu'une reine étrangère, enveloppée et serrée si étroitement, puisse pénétrer dans la ruche. Si les abeilles la retiennent trop longtemps prisonnière, elle périt de faim ou faute d'air, mais non par le dard des ouvrières, jamais elles ne s'en servent contre les reines intruses ou surnuméraires.

La substitution d'une reine à une autre reine demande certaines précautions. Lorsqu'on enlève la mère d'une ruche, les abeilles semblent, d'abord, ne pas s'en apercevoir; leurs travaux n'en sont pas interrompus; elles continuent de bâtir, de nourrir le couvain, de remplir leurs magasins avec la même tranquillité que d'habitude; mais, au bout de quelques heures, elles s'inquiètent, elles s'agitent, la ruche est en proie au tumulte, il y règne un sourd bourdonnement : les ouvrières abandonnent le soin des larves, courent avec impétuosité à la surface des gâteaux et semblent en délire, leur reine n'est plus au milieu d'elles! La leur rend-on? le calme renaît à l'instant, et, chose singulière! elles la reconnaissent; elles ne prennent pas le change, lorsqu'on substitue une autre mère à sa place. Si la femelle étrangère est introduite dans les douze premières heures qui suivent l'enlèvement de la véritable reine, l'agitation continue et les ouvrières traitent l'intruse exactement de même qu'elles ont coutume de faire quand la ruche, en possession de sa propre mère, n'en désire point d'autre. La nouvelle venue est à l'instant happée, cernée de toutes parts et retenue captive dans un massif impénétrable : d'ordinaire, elle y meurt affamée ou asphyxiée. Lorsqu'on a laissé passer dix-huit heures avant de substituer une femelle étrangère à la reine régnante enlevée de la ruche, le traitement infligé à cette étrangère diffère peu du précédent; toutefois, les abeilles, qui l'ont enveloppée, se lassent plus vite; bientôt, le massif dont elles l'entourent n'est plus aussi serré; peu à peu, les ouvrières se dispersent, la nouvelle mère est rendue à la liberté, mais souvent, hélas! elle n'en jouit guère, épuisée par la pression qu'elle a subie, elle se traîne d'un pas languissant et meurt dans l'espace de quelques minutes. Cependant il est certains tempéraments vigoureux qui sortent sains et saufs d'une longue prison de dix-sept heures, ces femelles robustes finissent par régner là où elles avaient été d'abord si mal reçues. Mais si l'on attend vingt-quatre ou trente heures pour substituer une autre femelle, celle-ci sera bien accueillie et aura droit de cité dès l'instant même où elle sera introduite dans la ruche. Son adoption par les ouvrières est immédiate, vingt-quatre ou trente heures ont suffi pour faire oublier l'ancienne reine : à sa place, la nouvelle venue est acceptée comme chef de l'État. Son arrivée est annoncée par un bourdonnement particulier qui commence autour d'elle, gagne de proche en proche, et devient général : c'est le grand événement du jour, toute la population y prend part. La nouvelle reine est aussitôt investie de son cortége d'honneur, des ouvrières lui font la haie, d'autres lui offrent du miel sur leur trompe : elle est désormais en possession de toutes les prérogatives de son titre de mère féconde, les abeilles, au besoin, quitteraient tout pour la suivre, leur mère adoptive n'est-elle pas le salut et l'espoir de la société?

Pour le moment, il ne s'agit plus de départ; tous les essaims ont fait choix de leur emplacement, tous sont à l'œuvre. Les mères abeilles, par leurs pontes, excitent partout l'ardeur des ouvrières, les cellules se construisent, les gâteaux se multiplient; les pourvoyeuses, en pleine activité, volent de la ruche aux champs et des champs à la ruche, chacun utilise ses courses et rapporte au logis force miel et force pollen. Les jours de chaleur où l'atmosphère orageuse favorise particulièrement la sécrétion du miel dans les végétaux, sont surtout mis à profit; toute la population valide des ruches est alors en mouvement, c'est le temps des provisions. Les abeilles savent, d'instinct, qu'il leur faut se pourvoir de miel et de pollen pour assurer leur existence pendant la morte saison et les jours de pluie où elles ne pourront aller butiner[19]; elles ont, d'ailleurs, à nourrir un nombreux couvain qui ne cesse d'éclore jusqu'à l'entrée de l'automne et qui, tout en apportant chaque jour d'utiles auxiliaires pour les travaux actuels, fournirait encore de précieux défenseurs si la ruche venait à être attaquée : quelquefois, en effet, un renfort lui arriverait fort à propos.

L'abeille, peu hospitalière, encore moins prêteuse, ainsi que la plupart des gens qui se sont enrichis à force de travail et d'économies, n'est pas pillarde de sa nature; mais la faim, détestable conseillère, la jette parfois sur les ruches voisines quand elle ne trouve pas de quoi se nourrir chez elle. Celle que la misère dévore, dont les vivres sont épuisés, se détermine un beau jour à attaquer une autre ruche pour la piller, bien qu'elle sache, par expérience, que toute abeille étrangère court risque de la vie en cherchant à s'introduire dans un domicile autre que le sien. Le coup monté, on se précipite à l'improviste et en nombre sur la ruche convoitée. De part et d'autre, l'acharnement est extrême : ici, l'on se bat pour la défense du foyer; là, les assaillantes jouent leurs vies en désespérées, leur cri de guerre est : vaincre ou mourir! pour elles, en effet, il n'y a pas d'autre alternative. L'attaque est-elle repoussée? l'ennemi revient souvent à la charge le lendemain; a-t-elle réussi? la destruction de la population envahie est inévitable, les vainqueurs enlèvent tout le miel de la cité ruinée et vont le porter dans leur ruche : une bonne partie des leurs est restée sur le champ de bataille [20].

L'action, on le devine sans peine, a été des plus meurtrières, car, quelque redoutable que soit l'agresseur, quelle que soit la force numérique de l'ennemi, l'ouvrière ne recule jamais [21], elle accepte résolûment le combat; voici comment il s'engage. Des abeilles étrangères ne se sont pas plutôt introduites dans une ruche bien peuplée et pourvue d'une mère féconde ou de nymphes prêtes de le devenir, que le cri d'alarme est jeté. Tout se met en rumeur dans la population envahie; un bourdonnement général signale l'émotion universelle; la colère, l'irritation éclatent, attaquées et assaillantes sont bientôt aux prises. Ces combats présentent un spectacle très-varié. Tantôt, deux abeilles entrelacées, roulent pêle-mêle hors de la ruche; elles se saisissent par où elles peuvent, se poussent, se pressent, se tiraillent, se mordent et cherchent mutuellement à se dominer; celle qui parvient à grimper sur le dos de l'autre est sûre de la victoire, elle serre son adversaire avec ses mandibules au cou ou au corselet et le poignarde de son dard : en signe de triomphe, elle se tient auprès du cadavre, posée sur ses quatre pattes antérieures et frottant ses deux dernières jambes l'une contre l'autre. Tantôt, l'affaire a déjà été décidée dans l'intérieur de la ruche; l'abeille victorieuse en sort, emportant entre ses jambes l'ennemi qu'elle a tué. Quelquefois, elle s'envole à tire-d'aile avec lui et échappe alors aux regards; d'autres fois, elle s'arrête à peu de distance de la ruche et y jette à terre sa victime morte; cette dernière respire-t-elle encore? elle l'achève avec ses dents. Hors de la ruche, les combats sont de seul à seul, mais qui sait si tout se passe avec la même loyauté à l'intérieur?

Ces combats généraux, de ruche à ruche, ne sont pas les seuls que se livrent les abeilles, elles ont encore entre elles des luttes particulières. Bien qu'ordinairement pacifiques, elles ne sont qu'à demi endurantes et ripostent lestement pour peu qu'on les provoque; dans certains temps même elles sont d'une extrême susceptibilité, une forte chaleur les met aisément en ébullition : malheur alors à qui les moleste ou les irrite, de cruelles piqûres le punissent promptement de sa témérité [22]. Quelles sont les causes qui amènent les combats particuliers, personne n'a pu le dire jusqu'ici; mais, quels qu'en soient les motifs, il est certain que des querelles ont lieu, et que leur issue est souvent tragique; écoutons là-dessus notre illustre Réaumur :

« Dans les beaux jours et les jours chauds, on a souvent occasion d'observer des combats à mort entre les ouvrières d'une même ruche. Quelquefois l'attaquante et l'attaquée en sortent en se tenant déjà l'une l'autre ; quelquefois, c'est au dehors que l'une d'elles tombe sur une autre en train de voler, ou se jette sur une abeille au repos ou se promenant tranquillement sur le support de la ruche. De quelque manière que le combat ait commencé, dès qu'elles se sont jointes, elles tombent bientôt à terre ; en l'air, elles ne se porteraient pas des coups sûrs. Dans cette situation, elles font tout ce que feraient deux lutteurs dont chacun voudrait arracher la vie à son ennemi, chacune tâche de prendre la position la plus avantageuse. Quelquefois, elles sont, toutes deux, couchées sur un côté, se tenant réciproquement saisies avec leurs pattes, tête contre tête, derrière contre derrière, et contournées de façon, qu'elles forment ensemble un cercle ou un ovale. Quand elles se tiennent ainsi, les mouvements de leurs ailes les font pirouetter de temps en temps et les portent quelquefois en avant à plus d'un pied de distance, mais toujours à fleur de terre. Une des deux parvient ensuite à prendre quelque position plus favorable, à monter sur l'autre et à approcher son derrière du cou de celle-ci. Elles sont alors au plus fort de l'acharnement, elles dardent continuellement leur aiguillon; tous leurs mouvements semblent ne tendre qu'à trouver, chez l'adversaire, une partie molle dans laquelle le dard puisse être introduit. Comme les abeilles sont fortement cuirassées, ces combats sont souvent très-longs, quelquefois de près d'une heure ; mais, malgré les écailles cornées dont elles sont revêtues, leurs chairs ne sont pas inaccessibles; si une abeille peut faire passer son aiguillon entre une écaille et celle sur laquelle elle n'est qu'en recouvrement, elle peut l'enfoncer dans les chairs qui servent d'attache à la plaque inférieure. Pour peu que le cou de l'abeille qui se défend, s'allonge, il devient à découvert, l'aiguillon de l'ennemi peut alors le piquer : les abeilles cherchent aussi mutuellement à se poignarder vers la base de leur dard. Quelquefois, l'aiguillon du vainqueur reste engagé entre deux anneaux du ventre de la victime, mais cet accident est rare, sans cela, chaque combat coûterait la vie aux deux abeilles, car, avec le dard, elles laissent dans la blessure leur vessie à venin et toutes les pièces qui le font agir : ces plaies sont incurables et entraînent rapidement la mort. Quelquefois, les deux abeilles fatiguées et désespérant, l'une et l'autre, de remporter une victoire complète, se séparent, chacune s'envole de son côté. »

Il ne faut pas confondre avec ces combats sérieux les attaques intéressées dont une ouvrière est assez souvent l'objet. Trois ou quatre abeilles se mettent, parfois, après une de leurs compagnes. L'une la prend par une jambe, l'autre la saisit d'un autre côté, quelques-unes encore lui mordillent le corps, le corselet. Ces jeux n'ont rien de dangereux, bientôt la paix est conclue et scellée par un banquet, ce ne sont là que des ruses innocentes. Toujours l'abeille attaquée finit par se débarrasser de ses adversaires; pour se tirer d'affaire, il lui suffit d'allonger sa trompe, la lutte cesse à l'instant; une des assaillantes vient sucer la trompe emmiellée, les autres suivent son exemple, sans que l'abeille provoquée fasse la moindre résistance : on ne la lutinait ainsi, que pour la forcer à dégorger le miel qu'elle avait d'abord malicieusement refusé.

Des courses répétées, des récoltes poursuivies sans relâche, des soins assidus prodigués au couvain, et, de temps à autre, quelques querelles suivies de combats, comme il arrive presque toujours au sein des cités les plus laborieuses et les mieux ordonnées, tel est le spectacle que présentent les ruches vers la fin de la belle saison. Les ouvrières continuent leurs approvisionnements tant qu'elles trouvent à butiner. Lorsque les fleurs ont cessé, qu'il n'y a plus ni miel, ni poussières végétales à recueillir, la ponte de la mère s'arrête, les abeilles achèvent d'élever les larves avec le pollen emmagasiné. Surviennent maintenant les vents, les pluies, la froidure de l'automne; les abeilles ne sortent plus qu'à de rares intervalles et seulement au milieu du jour, par un beau soleil; l'hiver, enfin, arrive qui termine tout à fait leurs courses et suspend leur activité : un froid très-intense les fait parfois périr[23]. S'il n'est pas trop sévère, loin de leur être nuisible dans les ruches bien peuplées, il les engourdit légèrement et ménage ainsi leurs provisions. Serrées les unes contre les autres, elles s'échauffent réciproquement et résistent de cette manière à la rigueur des gelées, même lorsque la température extérieure descend à dix ou douze degrés : blotties entre les gâteaux, et munies de vivres, elles attendent le retour du printemps; saison du réveil de la nature et de la reprise de leurs occupations. C'est ainsi que, nées pour le travail, les abeilles ne prennent jamais qu'un repos forcé, commandé par l'état de l'atmosphère. Après deux ou trois années d'un labeur infatigable, quand elles ont fini leur triple tâche d'architectes, de pourvoyeuses et de nourrices, et qu'elles ont suffisamment contribué à la prospérité de leur nation, elles disparaissent de la scène, mais non sans laisser, après elles d'innombrables successeurs[24] : leur destinée est accomplie.

APPENDICE.

EXPÉRIENCES D'HUBER SUR LES ABEILLES.

De l'origine de la cire.

La cire est-elle véritablement une sécrétion, ou bien provient-elle d'une récolte particulière? C'est ce que nous voulions savoir.

En supposant qu'elle fût une sécrétion, nous devions d'abord vérifier l'opinion de Réaumur qui conjecturait que la cire était due à l'élaboration du pollen dans le corps des abeilles, quoique nous ne crussions pas, comme cet auteur, qu'elle en sortît par la bouche. Nous n'étions pas plus portés à lui attribuer l'origine qu'il lui prête, car nous avions été frappés, comme Hunter, de ce que les essaims, placés nouvellement dans des ruches vides, n'apportent point de pollen et construisent néanmoins des gâteaux, tandis que les abeilles des vieilles ruches, qui n'avaient pas à bâtir de nouvelles cellules, en faisaient une abondante récolte.

Il est fort singulier que Réaumur, à qui cette observation n'avait pas échappé, n'ait pas senti combien elle était peu favorable à l'opinion commune; cependant personne n'a su mieux que lui se mettre à l'abri des préventions les plus accréditées.

Nous nous décidâmes à faire des expériences en grand pour connaître définitivement si les abeilles, privées de pollen pendant une longue suite de jours, feraient également de la cire. Cette dernière circonstance était fort importante, car nous nous rappelions fort bien que Réaumur, pour expliquer les mêmes faits, avait supposé qu'il fallait au pollen un certain temps pour être élaboré dans le corps des abeilles. L'expérience était bien indiquée : il suffisait de retenir les abeilles dans leur ruche, et de les empêcher ainsi de recueillir ou de manger des poussières fécondantes. Ce fut le 24 mai que nous fîmes cette épreuve sur un essaim nouvellement sorti de la ruche mère *.

* Huber, aveugle, faisait ses expériences par les yeux de son fidèle et sagace serviteur Burnens, qui, au contact électrique de

Nous logeâmes cet essaim dans une ruche vide, avec ce qu'il fallait de miel et d'eau pour la consommation des abeilles, et nous fermâmes les portes avec soin, afin de leur interdire toute possibilité d'en sortir; on laissa cependant un libre passage à l'air dont le renouvellement pouvait être nécessaire aux mouches captives.

Les abeilles furent d'abord très-agitées: nous parvînmes à les calmer en plaçant leur ruche dans un lieu frais et obscur. Leur captivité dura cinq jours entiers. Au bout de ce terme, nous leur permîmes de prendre l'essor dans une chambre dont les fenêtres étaient soigneusement fermées; nous pûmes alors visiter leur ruche plus commodément; elles avaient consommé leur provision de miel, mais la ruche, qui ne contenait pas un atome de cire quand nous y établîmes les abeilles, avait acquis, dans l'espace de cinq jours, cinq gâteaux de la plus belle cire. Ils étaient suspendus à la voûte du panier; la matière en était d'un blanc parfait et d'une grande fragilité.

Ce résultat, dont nous ne tirerons pas encore les conséquences, était très-remarquable : nous ne nous étions pas attendus à une si prompte et si complète

son maître, s'était épris d'une véritable passion pour les abeilles. Burnens doit donc partager avec Huber l'honneur de ses belles découvertes sur les mœurs de cet insecte.

solution du problème. Cependant, avant de conclure que le miel dont ces abeilles s'étaient nourries, les avait mises en état de produire de la cire, il fallait s'assurer, par de nouvelles épreuves, qu'on ne pouvait en donner une autre explication.

Les ouvrières, que nous tenions captives, avaient pu recueillir les poussières fécondantes des fleurs lorsqu'elles étaient en liberté; elles avaient pu faire des provisions la veille et le jour même de leur emprisonnement, et en avoir assez dans leur estomac ou dans leur palette pour en extraire toute la cire que nous avions trouvée dans leur ruche.

Mais, s'il était vrai qu'elle vînt des poussières fécondantes récoltées précédemment, cette source n'était pas intarissable, et les abeilles, ne pouvant plus s'en procurer, cesseraient bientôt de construire des rayons, on les verrait tomber dans l'inanition la plus complète; il fallait donc prolonger la même épreuve, pour la rendre décisive.

Avant de tenter cette seconde expérience, nous eûmes soin d'enlever tous les gâteaux que les abeilles avaient construits pendant leur captivité. Burnens, avec son adresse ordinaire, fit rentrer les abeilles dans leur ruche; il les y renferma comme la première fois, avec une nouvelle ration de miel. Cette épreuve ne fut pas longue; nous nous aperçûmes, dès le lendemain au soir, que les abeilles travaillaient en cire neuve; le troisième jour, on visita la ruche et l'on trouva effectivement cinq nouveaux gâteaux aussi réguliers que ceux qu'elles avaient faits pendant leur premier emprisonnement.

On enleva, jusqu'à cinq reprises, les gâteaux, en ayant toujours la précaution de ne point laisser échapper les abeilles au dehors. Ce furent toujours les mêmes mouches; elles furent nourries uniquement avec du miel pendant cette longue réclusion que nous aurions pu sans doute prolonger encore avec le même succès, si nous l'eussions jugé nécessaire. A chaque fois que nous leur donnâmes du miel, elles produisirent de nouveaux gâteaux; il était donc hors de doute que cette nourriture excitait en elles la sécrétion de la cire sans le concours des poussières fécondantes.

Mais il n'était pas impossible que le pollen eût la même propriété; nous ne tardâmes pas à éclaircir ce doute par une nouvelle expérience qui n'était que l'inverse de la première.

Cette fois, au lieu de donner du miel aux abeilles, on ne leur donna pour toute nourriture que des fruits et du pollen; on renferma ces abeilles sous une cloche de verre où l'on plaça un gâteau dont les cellules ne contenaient que des poussières végétales accumulées. Leur captivité dura huit jours pendant lesquels elles ne firent point de cire; on ne vit pas de plaques sous leurs anneaux. Pouvait-on élever encore quelque doute sur la véritable origine de la cire? Nous n'en avions aucun.

Dira-t-on encore qu'elle est contenue dans le miel même, et que ces mouches la mettent en réserve dans ce liquide pour l'employer quand elles en auront besoin? Cette dernière objection n'était pas entièrement dénuée de vraisemblance, car le miel contient presque toujours quelques parcelles de cire; on la voit s'élever à la surface quand on le délaye dans l'eau; mais le microscope, en nous montrant que ces particules avaient appartenu à des cellules toutes faites, qu'elles avaient la forme et l'épaisseur des rhombes, quelquefois celle des pans brisés des alvéoles, nous fit juger à quoi devait se réduire le scrupule qui nous avait arrêtés un instant.

Pour répondre d'une manière formelle à cette objection, et pour nous éclairer sur une opinion qui nous était particulière, savoir que le principe sucré était la véritable cause de la sécrétion de la cire, nous prîmes une livre de sucre réduit en sirop, et nous la donnâmes à un essaim que nous tînmes renfermé dans une ruche vitrée.

Nous rendîmes cette expérience encore plus instructive en établissant pour objet de comparaison deux ruches dans lesquelles furent introduits deux essaims qu'on nourrit, l'un avec de la cassonade très-noire, l'autre avec du miel. Le résultat de cette triple épreuve fut aussi satisfaisant qu'il était permis de l'espérer.

Les abeilles des trois ruches produisirent de la cire; celles qui avaient été nourries avec du sucre de différentes qualités, en donnèrent plus tôt et en plus grande abondance que l'essaim qui n'avait été alimenté qu'avec du miel.

Une livre de sucre réduit en sirop et clarifié par le blanc d'œuf, produisit 10 gros 52 grains d'une cire moins blanche que celle que les abeilles extraient du miel; la cassonade, à poids égal, donna 22 gros de cire très-blanche : le sucre d'érable produisit les mêmes effets.

Pour nous assurer de ces résultats, nous répétâmes cette expérience sept fois de suite avec les mêmes abeilles, et nous obtînmes toujours de la cire et à peu près dans les proportions indiquées ci-dessus. Il nous paraît donc démontré que le sucre et la partie sucrée du miel mettent les abeilles qui s'en nourrissent en état de produire de la cire, propriété que les poussières fécondantes des fleurs ne possèdent nullement.

Sur les mères abeilles dont la fécondation est retardée.

J'enfermai dans une ruche une reine au moment de sa naissance, et je l'empêchai de sortir en rendant les portes de son habitation trop étroites pour elle.

Pendant le cours de cette longue prison, elle ne sortit pas une seule fois, elle ne put donc pas être fécondée. Le trente-sixième jour, je lui rendis enfin la liberté, elle en profita bien vite et ne tarda pas à revenir avec les signes les plus marqués de fécondation. Quelle fut ma surprise, lorsque je reconnus que cette reine, qui commença, comme à l'ordinaire, sa ponte quarante-six heures après l'accouplement, ne pondait point des œufs d'ouvrières, mais des œufs de faux bourdons, et que, dans la suite, elle pondit uniquement des œufs de cette sorte!

En mai 1789, je saisis deux reines au moment où elles subissaient leur dernière métamorphose; je plaçai l'une dans une ruche en feuillets, bien pourvue de miel et de cire, et suffisamment peuplée d'ouvrières et de mâles; je plaçai l'autre reine dans une ruche exactement semblable, mais dont j'avais enlevé tous les faux bourdons. J'arrangeai les portes de ces ruches de manière que les abeilles ouvrières pussent jouir d'une entière liberté, mais je les rendis trop étroites pour le passage des femelles et des faux bourdons. Je laissai ces reines prisonnières pendant trente jours; après ce terme, je leur donnai la liberté; elles sortirent avec empressement et revinrent fécondées. Au commencement de juillet, je visitai les ruches et j'y trouvai beaucoup de couvain ; mais ce couvain était composé en entier de vers et de nymphes de mâles; il n'y avait pas une seule nymphe, un seul ver d'ouvrières. Les deux reines pondirent sans interruption jusqu'en automne, et toujours des œufs de faux bourdons. Leur ponte finit dans la première quinzaine de novembre, comme celle de mes autres ruches. Je désirais beaucoup savoir ce qu'elles deviendraient au printemps suivant: si elles recommenceraient leur ponte, si une nouvelle fécondation leur serait nécessaire, et, dans le cas où elles pondraient, de quelle sorte seraient les œufs; mais comme leurs ruches étaient déjà fort affaiblies, je craignais qu'elles ne périssent pendant l'hiver. Cependant, par bonheur, nous parvînmes à les conserver, et, dès le mois d'avril 1790, nous vîmes ces reines recommencer leur ponte; par les précautions que nous avions prises, nous étions très-sûrs qu'elles n'avaient pas, de nouveau, reçu les approches du mâle : ces derniers œufs étaient encore des œufs de faux bourdons.

Enfin, le 4 octobre 1789, il naquit une reine dans une de mes ruches, nous la plaçâmes dans une ruche à feuillets. Quoique la saison fût bien avancée, il y avait encore un grand nombre de mâles dans les ruches. Il était important de savoir si, dans ce temps de l'année, ils pourraient également opérer la fécondation, et, dans le cas où elle réussirait, si la ponte, commencée au milieu de l'automne, serait interrompue ou continuée pendant l'hiver. Nous laissâmes donc à cette reine la liberté de sortir de la ruche; elle s'échappa effectivement, mais elle fit vingt-quatre tentatives inutiles avant de reparaître avec les signes de la fécondation; enfin, le 31 octobre, elle sortit et revint fécondée; elle était alors âgée de vingt-sept jours, et, par conséquent sa fécondation avait été fort retardée. Elle aurait dû pondre quarante-six heures après, mais le temps fut froid, elle ne pondit point; ce qui prouve bien, pour le dire en passant, que le refroidissement de la température est la principale cause qui suspend la ponte des reines en automne. J'étais fort impatient de savoir si, au retour du printemps, elle serait féconde sans avoir besoin d'un nouvel accouplement. Le moyen de s'en assurer était simple; il suffisait de rétrécir la porte de sa ruche, afin qu'elle ne pût point s'échapper; je la retins donc prisonnière. Au milieu de mars, nous visitâmes ses gâteaux et nous y trouvâmes beaucoup d'œufs; mais comme ils étaient placés dans les alvéoles du plus petit diamètre, il fallait attendre quelques jours de plus pour en juger. Le 4 avril, nous examinâmes encore l'état de la ruche et nous y trouvâmes une quantité prodigieuse de vers et de nymphes; tous étaient de la sorte des faux bourdons, la reine n'avait pas pondu un seul œuf d'ouvrière.

Dans cette expérience, comme dans les précédentes, le retard de la fécondation avait donc rendu la reine incapable de pondre des œufs d'ouvrières. Ce résultat est ici d'autant plus remarquable, que la ponte de cette reine avait commencé quatre mois et demi après sa fécondation. Le terme de quarante-six heures qui s'écoule, à l'ordinaire, entre l'accouplement de la femelle et sa ponte, n'est donc pas un terme de rigueur; l'intervalle peut être beaucoup plus long si la température devient froide. Enfin, il suit de cette expérience que, lors même que le froid retardera la ponte d'une reine qui a été fécondée en automne, elle commencera à pondre au printemps sans qu'un nouvel accouplement lui devienne nécessaire.

Sur la conversion des larves d'ouvrières en reines, au moyen de la gelée royale.

Depuis près de dix ans que je travaille sur les abeilles, j'ai répété tant de fois et avec un succès si soutenu les belles expériences de M. Schirach sur la conversion des larves d'abeilles ouvrières en reines, que je ne puis pas élever le moindre doute à cet égard. Je regarde donc comme un fait certain que, lorsque les abeilles perdent leur reine, et qu'elles conservent dans leur ruche des vers *âgés au plus de trois jours*, elles agrandissent plusieurs des cellules dans lesquelles ils sont logés, qu'elles leur donnent non-seulement une nourriture différente, mais en plus forte dose, et que les vers élevés de cette manière, au lieu de se convertir en abeilles ouvrières, deviennent de véritables reines.

Lorsque les abeilles ont perdu leur reine, elles s'en aperçoivent très-vite, et au bout de quelques heures, elles entreprennent les travaux nécessaires pour réparer leur perte.

D'abord, elles choisissent les jeunes vers d'ouvrières auxquels elles doivent donner les soins propres à les convertir en reines, et, dès ce moment, elles commencent à agrandir les cellules où ils sont logés. Le procédé qu'elles emploient est curieux. Après avoir choisi un ver d'ouvrière, elles sacrifient trois des alvéoles contigus à celui où il est placé ; elles en emportent les vers et la bouillie, et élèvent autour de lui une cloison cylindrique ; sa cellule devient donc un vrai tube à fond rhomboïdal, car elles ne touchent point aux pièces de ce fond ; si elles l'endommageaient, il faudrait qu'elles missent à jour les trois cellules correspondantes de la face opposée du gâteau, et que, par conséquent, elles sacrifiassent les vers qui les habitent, sacrifice nullement nécessaire. Elles laissent donc le fond rhomboïdal, et se contentent d'élever autour du ver un tube cylindrique qui se trouve, ainsi que les autres cellules du gâteau, placé horizontalement. Mais cette habitation ne peut convenir au ver appelé à l'état de reine que pendant les trois premiers jours de sa vie. Il faut qu'il vive, les deux autres jours pendant lesquels il conserve encore la forme de ver, dans une autre situation ; pour ces deux jours, portion si courte de la durée de son existence, il doit habiter une cellule de forme à peu près pyramidale, dont la base soit en haut et la pointe en bas. On dirait que les ouvrières le savent, car, dès que le ver a achevé son troisième jour, elles préparent le local que doit occuper son nouveau logement, elles rongent quelques-unes des cellules placées au-dessous du tube cylindrique, sacrifient sans pitié, les vers qui y sont contenus, et se servent de la cire qu'elles viennent de ronger pour construire un nouveau tube de forme pyramidale qu'elles soudent à angle droit sur le premier et qu'elles dirigent en bas. Le diamètre de cette pyramide diminue insensiblement, depuis sa base qui est assez évasée, jusqu'à la pointe. Pendant les deux premiers jours que le ver l'habite, il y a toujours une abeille qui tient sa tête plus ou moins avancée dans la cellule. Quand une ouvrière la quitte, une autre prend sa place. Elles y travaillent à prolonger la cellule à mesure que le ver grandit, et elles lui apportent sa nourriture qu'elles placent devant sa bouche et autour de son corps ; elles en font une espèce de cordon autour de lui. Le ver, qui ne peut se mouvoir qu'en spirale, tourne sans cesse pour saisir la bouillie placée devant sa tête ; il descend insensiblement et arrive enfin tout près de l'orifice de sa cellule : c'est à cette époque qu'il doit se transformer en nymphe. Les soins des abeilles ne lui sont plus nécessaires ; elles ferment son berceau d'une clôture qui lui est appropriée, et il y subit, au temps marqué, ses deux métamorphoses.

M. Schirach prétend que les abeilles ne choisissent jamais que des vers de trois jours pour leur donner l'éducation royale ; je me suis assuré, au contraire, que l'opération réussit également sur des vers âgés de deux jours seulement.

Je fis placer dans une ruche privée de reine quelques parcelles de gâteaux dont les cellules renfermaient des œufs d'ouvrières et des vers de la même espèce déjà éclos. Le même jour, les abeilles agrandirent quelques-unes des cellules à vers, elles les convertirent en cellules royales, et donnèrent aux vers qui y étaient contenus un épais lit de gelée. Je fis enlever alors cinq des vers placés dans ces cellules, et Burnens leur substitua cinq vers d'ouvrières que nous avions vus sortir de l'œuf quarante-huit heures auparavant. Nos abeilles ne parurent pas s'apercevoir de cet échange ; elles soignèrent les nouveaux vers comme ceux qu'elles avaient choisis elles-mêmes ; elles continuèrent à agrandir les cellules où nous les avions placés, et les fermèrent en temps ordinaire. De ces cinq alvéoles, deux reines sortirent presque en même temps. Les trois autres cellules ayant passé leur terme sans qu'aucune reine en fût sortie, nous les ouvrîmes pour voir en quel état elles étaient. Nous trouvâmes dans l'une une reine morte sous forme de nymphe ; les deux autres étaient vides ; leurs vers avaient filé leurs coques de soie, mais ils étaient morts avant de passer à l'état de nymphes, et n'offraient plus qu'une peau desséchée.

Je ne puis rien imaginer de plus positif que cette expérience ; il est démontré que les abeilles ont le pouvoir de convertir en reines des vers d'ouvrières, puisqu'elles ont réussi à se donner des reines en opérant sur des vers d'ouvrières que nous leur avions choisis nous-mêmes ; il est également démontré que, pour le succès de l'opération, il n'est pas nécessaire que les vers aient trois jours, puisque ceux que nous avions confiés à nos abeilles étaient âgés de deux jours seulement.

Ce n'est pas tout ; les abeilles peuvent convertir en reines des vers d'ouvrières beaucoup plus jeunes encore. L'expérience suivante m'a appris que lorsqu'elles ont perdu leur reine, elles destinent à la remplacer des vers âgés de quelques heures seulement. Je possédais une ruche qui, étant privée de femelle, n'avait aucun œuf ni aucun ver ; je lui fis donner une reine de la plus grande fécondité ; elle ne tarda pas à pondre dans les cellules d'ouvrières. Je laissai cette femelle dans la ruche un peu moins de trois jours, et je la fis enlever avant qu'aucun des œufs qu'elle avait pondus fût éclos. Le lendemain, c'est-à-dire le quatrième jour, Burnens compta cinquante petits vers dont les plus âgés avaient à peine vingt-quatre heures. Cependant, dès cette époque, plusieurs de ces vers étaient déjà destinés à devenir reines ; la preuve en est que les abeilles avaient mis autour d'eux une provision de gelée beaucoup plus grande que celle qu'elles donnent aux vers ordinaires. Le jour suivant, les vers avaient près de quarante heures ; les abeilles avaient agrandi leurs berceaux ; elles avaient converti leurs cellules hexagones en cellules cylindriques de la plus grande capacité ; elles y travaillèrent encore les jours suivants, et les fermèrent le cinquième jour, à dater de la naissance des vers. Sept jours après la clôture de la première de ces cellules royales, nous en vîmes sortir une reine ; cette reine commenca à se jeter sur les autres cellules royales, et elle chercha à y détruire les vers ou les nymphes qui y étaient renfermés.

On voit par ces détails que M. Schirach n'avait point encore assez varié ses expériences, lorsqu'il a affirmé que, pour se convertir en reines, il fallait que les vers d'ouvrières fussent âgés de trois jours. Il est certain que l'opération a le même succès, non-seulement sur les vers de deux jours, mais encore sur ceux qui ne sont âgés que de quelques heures ; il n'y aurait qu'un seul cas où l'opération ne réussirait pas, ce serait celui où les larves d'abeilles ouvrières auraient plus de trois jours.

De l'influence exercée par la gelée royale sur les larves d'ouvrières qui s'en nourrissent.

Depuis les belles découvertes de M. Schirach, il est hors de doute que toutes les abeilles ouvrières sont originairement du sexe féminin; la nature leur a donné les germes d'un ovaire, mais elle n'a permis qu'il se développât que dans le cas particulier où ces abeilles recevraient, sous la forme de ver, une nourriture particulière.

Toutes mes expériences m'ont convaincu qu'il ne naît des ouvrières capables de pondre, que dans les ruches qui ont perdu leur reine. Or, lorsque les abeilles ont perdu leur reine, elles préparent une grande quantité de gelée royale pour en nourrir les vers qu'elles destinent à la remplacer. Si donc, les ouvrières fécondes ne naissent jamais que dans ce seul cas, il est évident qu'elles ne naissent que dans les ruches dont les abeilles préparent de la gelée royale. C'est sur cette circonstance que je portai toute mon attention, elle me fit soupçonner que, lorsque les abeilles donnent à quelques vers l'éducation royale, elles laissent tomber, ou par accident, ou par une sorte d'instinct dont j'ignore le principe, de petites portions de gelée royale dans les alvéoles voisins des cellules où sont les vers destinés à l'état de reines. Les vers d'ouvrières qui ont reçu accidentellement les petites doses d'un aliment aussi actif, doivent en ressentir plus ou moins d'influence ; leurs ovaires doivent acquérir une sorte de développement, mais ce développement sera imparfait. Pourquoi ? Parce que la nourriture royale n'a été administrée qu'en petites doses, et que, d'ailleurs, les vers dont je parle, ayant vécu dans les cellules du plus petit diamètre, leurs parties n'ont pas pu s'étendre au delà des proportions ordinaires.

J'ai répété si souvent l'expérience relative à l'influence qu'exerce la gelée royale sur les larves d'ouvrières qui s'en nourrissent, que je suis parvenu à faire naître des abeilles ouvrières fécondes dans mes ruches, toutes les fois que je le veux. Le moyen est simple : j'enlève la reine d'une ruche ; aussitôt, les abeilles travaillent à la remplacer en agrandissant plusieurs des cellules qui contiennent du couvain d'ouvrières, et en donnant aux vers qu'elles renferment la gelée royale, elles laissent aussi tomber de petites doses de cette bouillie sur les jeunes vers logés dans les cellules voisines, cette nourriture développe, jusqu'à un certain point, leurs ovaires. Il naît donc toujours des ouvrières fécondes dans les ruches où les abeilles s'occupent à réparer la perte de leur reine, mais il est fort rare qu'on les y trouve, parce que les jeunes reines élevées dans les cellules royales se jettent sur elles et les massacrent; il faut donc, pour sauver leur vie, enlever leurs ennemis; il faut emporter les cellules royales avant que les vers qui y sont logés aient subi leur dernière métamorphose. Alors, les ouvrières fécondes ne trouvant plus de rivales dans la ruche au moment de leur naissance, y seront fort bien reçues, et si l'on a soin de les marquer de quelque tache reconnaissable, on les verra *pondre*, quelques jours après, *des œufs de mâles*. Tout le secret du procédé que j'indique ici, consiste donc à enlever les cellules royales à temps, c'est-à-dire, dès qu'elles sont fermées, et avant que les jeunes reines en soient sorties.

Riem est l'auteur de cette piquante découverte.

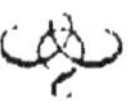

NOTES SUR LES ABEILLES

TIRÉES DES *Géorgiques* DE VIRGILE, LIVRE IV.

1. Munere quamque suo. Grandævis oppida curæ,
Et munire favos, et dædala fingere tecta ;
At fessæ multa referunt se nocte minores,
Crura thymo plenæ.

Chacune a ses fonctions. Les plus âgées président aux soins de la cité, elles sont chargées de construire les gâteaux et de façonner l'ingénieux édifice; les plus jeunes rentrent à la nuit tombante, fatiguées et les pattes pleines de thym.

2. .... Nec concubitu indulgent, nec corpora segnes
In Venerem solvunt, aut fœtus nixibus edunt :
. . . .
Solæ communes natos, consortia tecta
Urbis habent.

Elles ne s'accouplent pas, ne sacrifient pas à Vénus, elles procréent sans effort.

. . . .

Spectacle unique! chez elles, enfants, habitation, tout est commun dans une commune patrie.

3. ...... Hinc nescio qua dulcedine lætæ
Progeniem nidosque fovent; hinc arte recentes
Excudunt ceras, et mella tenacia fingunt.

Voilà comment, remplies d'une joie secrète, elles nourrissent leur chère couvée; voilà comment elles façonnent artistement la cire nouvelle et composent leur miel onctueux.

4. .... Aliæ victu invigilant, et, fœdere pacto,
Exercentur agris : pars intra septa domorum
Narcissi lacrimam, et lentum de cortice gluten,
Prima favis ponunt fundamenta; deinde tenaces
Suspendunt ceras; aliæ, spem gentis, adultos
Educunt fœtus; aliæ purissima mella
Stipant, et liquido distendunt nectare cellas.
Sunt quibus ad portas cecidit custodia sorti;
. . . .
Aut onera accipiunt venientum, aut, agmine facto,
Ignavum fucos pecus e præsepibus arcent :
Fervet opus, redolentque thymo fragrantia mella.

Les unes sont chargées de pourvoir aux vivres, et, fidèles à leur mission, se répandent dans la campagne. Les autres, gardiennes du logis, donnent pour base première aux gâteaux les pleurs du narcisse et la gomme visqueuse prise sur les bourgeons, et y suspendent leur palais de cire. Celles-ci élèvent de jeunes nourrissons, l'espoir de la patrie; celles-là distillent le miel le plus pur et remplissent les cellules de ce nectar liquide. Il en est auxquelles le sort a confié la garde des portes; . . . . quelques-unes soulagent les arrivantes de leurs fardeaux; d'autres, formées en bataillon carré, repoussent loin du foyer l'ignoble frelon : Partout, on travaille avec ardeur, le miel embaumé exhale le parfum du thym.

5. .... Corpora luce carentum
Exportant tectis, et tristia funera ducunt.

Elles emportent hors de la ruche les cadavres des abeilles mortes, et mènent leurs tristes funérailles.

6. Ipsa autem, seu corticibus tibi suta cavatis,
Seu lento fuerint alvearia vimine texta,
Angustos habeant aditus; nam frigore mella
Cogit hyems, eademque calor liquefacta remittit.
Utraque vis apibus metuenda : neque illæ
Nequidquam in tectis certatim tenuia cera
Spiramenta linunt, fucoque et floribus oras
Explent, collectumque hæc ipsa ad munera gluten
Et visco et Phrygiæ servant pice lentius Idæ.

Que la ruche soit faite d'une écorce d'arbre ou d'osier flexible, ses portes doivent être étroites, car le froid condense le miel et la chaleur le fait fondre. Les abeilles redoutent ces deux extrêmes; aussi, bouchent-elles à l'envi, avec de la cire, les moindres fissures de leur habitation; elles garnissent ses bords du suc pétri des fleurs et recueillent, à cet effet, une gomme plus onctueuse que la glu et la poix du mont Ida.

7. His quibus signis atque hæc exempla secuti,
Esse apibus partem divinæ mentis et haustus
Æthereos dixere.

Frappés de ces traits, des sages ont pensé qu'un rayon de l'intelligence divine, une sorte d'émanation du ciel, avait été départi aux abeilles.

8. .... Visenda modis animalia miris
Trunca pedum primo, mox et stridentia pennis
Miscentur, tenuemque magis, magis aera carpunt.

O prodige! l'animal, d'abord, est sans pattes; bientôt, il fait entendre un bruit d'ailes stridentes, s'élève, par degrés, dans l'air et finit par prendre l'essor.

9. Venturæque hiemis memores, æstate laborem
Experiuntur et in medium quæsita reponunt.

En prévision de l'hiver qui doit venir, elles donnent l'été au travail, et font réserve de leur butin.

10. Omnibus una quies operum, labor omnibus unus.
Mane ruunt portis; nusquam mora; rursus easdem
Vesper ubi e pastu tandem decedere campis
Admonuit, tum tecta petunt, tum corpora curant.
Fit sonitus, massantque oras et limina circùm.
. . . .
Illæ continuo saltus sylvasque peragrant,
Purpureosque metunt flores et flumina libant
Summa leves. . . . .
. . . . . . Pascuntur et arbuta passim
Et glaucas salices, casiamque crocumque rubentem,
Et pinguem tiliam et ferrugineos hyacinthos.

Même repos, même travail. Dès le point du jour on assiége les portes, tout part; lorsqu'enfin Vesper avertit qu'il est temps de cesser les courses à travers la campagne, les abeilles regagnent leur gîte, elles réparent leurs forces. Un bruit s'élève, elles bourdonnent tout autour des portes.

. . . .

Elles parcourent sans cesse les bois et les forêts, moissonnent les fleurs au teint de pourpre, et, d'une aile légère, effleurent la face des eaux. . . . .
. . . . Elles diment, çà et là, sur l'arbousier, sur le saule au glauque feuillage, sur la casse et le

safran vermeil, sur le riche tilleul et sur l'amaryllis de couleur ferrugineuse.

11. ...... Regem non sic Ægyptus et ingens
Lydia, nec populi Parthorum, ant Medus Hydaspes
Observant.

L'Égypte, l'immense Lydie, les Parthes et les Mèdes n'honorent pas autant leur roi.

12. .... Quum prima novi ducent examina reges
Vere suo....

. . . . Tu regibus alas
Eripe, non illis quisquam cunctantibus altum
Ire iter, aut castris audebit vellere signa.

Au printemps les reines conduisent les essaims nouveaux....

Arrachez les ailes à la reine, aucun de ses sujets, alors qu'elle est désormais casanière, n'osera déserter.

13. Tum sonus auditur gravior, tractimque susurrunt.

Un son plus grave se fait entendre, les abeilles bourdonnent de toutes parts.

14. Hinc ubi jam emissum caveis ad sidera cœli
Nare per æstatem liquidum suspexeris agmen,
Obscuramque trahi vento mirabere nubem
Contemplator, aquas dulces et frondea semper
Tecta petunt.

Observateur attentif, dès que vous verrez le noir bataillon, à peine échappé de son antre, nager dans les vagues de l'air et prendre son essor vers le ciel, comme un nuage obscur poussé par le vent, tenez pour certain qu'il cherche des eaux pures et des toits de feuillage.

15. . . . . Jamque arbore summa
Confluere, et lentis uvam demittere ramis.

Rassemblées au sommet d'un arbre, elles pendent en grappe à l'un de ses rameaux.

16. . . . . Sæpe duobus
Regibus incessit magno discordia motu.

Souvent la querelle de deux reines jette la discorde dans toute la ruche.

17. .... Rege incolumi, mens omnibus una est;
Amisso, rupere fidem, constructaque mella
Diripuere ipsæ, et crates solvere favorum :
Ille operum custos; illum admirantur, et omnes
Circumstant fremitu denso, stipantque frequentes.

La reine vivante, la ruche entière vit d'un même esprit; est-elle morte? plus de liens; les abeilles elles-mêmes pillent les magasins à miel et démolissent les gâteaux : c'est l'âme des ouvrières, l'objet de leur amour, elles l'entourent de leurs bruyants hommages et lui font une cour assidue.

18. . . . . . . Ipsæ regem. . . . . . .
Sufficiunt, aulasque et cerea regna refingunt.

Elles remplacent elles-mêmes leur reine et construisent de nouveau des cellules royales.

19. Nec vero a stabulis, pluvia impendente, recedunt
Longius, aut credunt cœlo, adventantibus euris;
Sed circum tutæ sub mœnibus urbis aquantur,
Excursusque breves tentant.

La pluie menace-t-elle? elles ne s'écartent pas de la

ruche; si l'Eurus se lève, elles ne se risquent pas dans l'air, elles vont faire de l'eau à l'abri des remparts de leur cité, et ne hasardent que de courtes sorties.

20. . . . . Vox
Auditur fractos sonitus imitata tubarum :
Tum trepidæ inter se coeunt, pennisque coruscant
Spiculaque exacuunt rostris aptantque lacertos,
. . . . Magnisque vocant clamoribus hostem.
Ergo ubi ver nactæ nudum camposque patentes,
Erumpunt portis ; concurritur, æthere in alto
Fit sonitus. . . . .
Præcipitesque cadunt.

Une voix éclate qui imite les sons brisés du clairon; les combattants s'assemblent à la hâte, agitent leurs ailes étincelantes, aiguisent leurs dards, déploient leurs membres et appellent l'ennemi à grands cris. Soudain, dès que luit un beau jour et resplendit un large horizon, les abeilles s'élancent hors du camp; la charge sonne, la mêlée s'engage, l'air retentit du choc des combattants, ... ils tombent précipités.

21. Ingentes animos angusto in pectore versant.

Sous leur frêle enveloppe bat un noble cœur.

22. Illis ira modum supra est, læsæque venenum
Morsibus inspirant, et spicula cæsa relinquunt
Affixæ venis, animasque in vulnere ponunt.

Colères au delà de toute expression, elles accablent de plaies envenimées leur agresseur, et, acharnées sur leur victime, elles laissent au fond de la blessure et leur dard et leur vie.

23. Aut illæ pedibus connexæ ad limina pendent,

Aut intus clausis cunctantur in ædibus omnes,
Ignavæque fame et contracto frigore pigræ.

Elles pendent au seuil de la ruche, enchaînées les unes aux autres par les pattes, ou bien demeurent sans mouvement au fond de leur prison, engourdies par la faim et contractées par le froid.

24. At genus immortale manet, multosque per annos,
Stat fortuna domus, et avi numerantur avorum.

Mais sa race est immortelle; la famille demeure florissante pendant longues années, et les ancêtres sont remplacés par d'innombrables générations.

LES FOURMIS

LES FOURMIS.

Tenues grandia.
HORACE.

Nous sommes entourés de prodiges, et parce que la scène et les acteurs sont à nos pieds, nous passons avec indifférence à côté de drames pleins d'intérêt, véritables reflets des passions humaines, capables à eux seuls de tenir en échec notre superbe raison. A quelques pas de nous, en effet, s'agite une grande nation. L'industrie et les arts lui sont familiers; elle a ses sculpteurs, ses architectes, ses maçons et ses tisserands. C'est à la fois un peuple pasteur et un peuple guerrier. Ses lois ne seraient pas indignes d'un Lycurgue, d'un Solon, et cependant sa liberté est entière. L'autorité, confiée à chaque citoyen, s'exerce au profit de tous, sans ambition qui veuille dominer. Les mœurs se ressentent d'une vie de prévoyance et de frugalité ; le luxe est banni, mais l'aisance règne partout, et, comme les besoins sont simples, simple aussi est le langage. Un lien d'affection mutuelle rend l'assistance facile et fait que tous s'entr'aident naturellement. L'amour de la patrie anime au travail comme il excite au combat; tout citoyen est soldat pour la défendre. Dans cette merveilleuse république, chacun a ses attributions définies dont il s'acquitte par sentiment et sans contrainte; et telle est l'harmonie qui règne dans toutes ses parties, que les prisonniers de guerre eux-mêmes, affranchis des dures conditions de l'esclavage, ne sont pas plutôt incorporés dans leur nouvelle patrie, qu'ils se transforment en serviteurs dévoués et deviennent ses plus fermes soutiens: cette république modèle est celle des fourmis.

Les fourmis appartiennent à la famille des hétérogynes dans l'ordre des hyménoptères. Comme les abeilles, les guêpes et les bourdons, elles vivent en sociétés plus ou moins nombreuses, composées de trois sortes d'individus: des mâles, des femelles et des ouvrières ou neutres.

Leur signalement bien connu ne permet de les confondre avec aucune autre tribu d'insectes. Petit corps porté sur de longues jambes, taille svelte et légère, sans vain ornement qui embarrasse, dénotent tout d'abord une classe éminemment laborieuse, ménagère par excellence.

Chaque sexe est reconnaissable à ses proportions. Les ouvrières ont le corps trapu et ramassé, tel qu'il sied à des gens de peine; elles sont plus petites que les mâles, ces derniers n'atteignent jamais la taille des femelles.

Ouvrières et femelles ont les yeux petits, les mâles les ont gros et saillants. Les yeux lisses, disposés en triangle sur le vertex, se rencontrent rarement chez les ouvrières; leur tête, en revanche, levier puissant à l'aide duquel elles accomplissent leur rude labeur, est fortement charpentée, elle déborde sur le corselet en s'élargissant à sa partie postérieure.

Toutes les fourmis sont pourvues d'antennes coudées, insérées vers le milieu du front; celles des mâles sont plus longues et plus minces. Organe spécial du toucher, les antennes sont en rapport intime avec l'instinct, elles sont pour les fourmis un signe de ralliement, l'éprouvette délicate avec laquelle elles interrogent tout ce qu'elles rencontrent chemin faisant. « C'est par les antennes qu'elles se communiquent leurs idées, » dit Pierre Huber.

Deux mandibules vigoureuses, triangulaires, de substance écailleuse, garnies de dentelures au côté interne et terminées en pointes, défendent la bouche. En même temps qu'elles servent d'arme de guerre, elles sont un moyen de préhension pour saisir et charrier les matériaux de construction, creuser et déblayer les souterrains, sculpter les édifices et transporter larves et nymphes. Une lèvre inférieure, sous forme de gaîne conique, protége une langue en cuilleron, rétractile, qui avance ou recule avec les mâchoires et lèche les sucs nourriciers.

Le cou, mince et court, joint la tête au corselet.

Celui-ci, ovoïde chez les femelles, convexe dans les mâles, s'arrondit chez les ouvrières en une bosse tantôt continue, tantôt interrompue vers le milieu par un enfoncement. Quatre stigmates s'y distribuent par paires opposées. Le corselet (chez les mâles et les femelles seulement, car les ouvrières sont aptères) donne attache supérieurement à quatre ailes grandes, inégales, veinées, s'accrochant l'une à l'autre dans le vol et ne formant alors qu'un même plan horizontal; inférieurement, il porte trois paires de pattes d'inégale dimension; les postérieures sont les plus longues de toutes. Le tarse ou pied se termine par deux crochets qui aident l'insecte à se fixer sur les points où il chemine. Chaque paire de pattes est armée d'un éperon, et, de plus, frangée de poils très-courts qui, tenant lieu de brosses, jouent un rôle très-actif dans la toilette des fourmis : elles servent à nettoyer et lustrer les diverses parties de leur corps.

L'abdomen gros, court, ovale ou carré, toujours plus volumineux dans les femelles, se compose, comme dans tous les hyménoptères, de six anneaux chez les ouvrières et les femelles, de sept chez les mâles. Dans les deux premières catégories, il recèle à l'intérieur, près de l'anus, une liqueur acide très-pénétrante : la fourmi la projette en se dressant sur ses pattes et en courbant son ventre en dessous. Chez certaines fourmis, ce moyen de défense est complété par un aiguillon se bifurquant en deux lancettes, il porte dans la blessure un poison subtil. Rien de semblable chez les mâles, race absolument désarmée ; leurs mandibules mêmes, faiblement dentelées, ne leur permettent qu'une demi-résistance, tandis que celles des ouvrières sont à la fois des pinces redoutables et de puissantes tenailles : il est vrai, ne quittant le nid que pour s'accoupler, leur vie sédentaire et inoccupée n'avait pas besoin d'être protégée de même que celle des fourmis vouées au travail et exposées chaque jour au danger de courses aventureuses.

Ainsi que chez les abeilles, les ouvrières ont seules le département des travaux publics ; l'unique fonction des femelles consiste à perpétuer l'espèce ; les mâles, également dispensés de toute occupation, sont réservés pour la fécondation.

La bâtisse, les approvisionnements, l'éducation

des petits, tous les soins du ménage, la défense du nid, en un mot, tout ce qui constitue la vie active, utile, dévouée, tombe dans le lot des ouvrières. Pour qui les juge superficiellement, elles semblent de malheureux ilotes auxquels l'empire de l'air est fermé et que leur rôle laborieux attache pour toujours à la glèbe.

Mais comme tout se compense dans la nature, aux ouvrières appartiennent la force, l'autorité, la puissance. Rien ne se fait que par elles. Tutrices nées d'une immense famille au berceau, par leur vigilance, leur tendresse et leur sollicitude, sans être mères elles-mêmes, elles participent aux fonctions et aux jouissances de la maternité. Seules, elles décident de la paix ou de la guerre; seules, elles prennent part aux combats: tête, cœur et bras de la république, elles assurent sa prospérité, veillent à sa défense, fondent des colonies, et dans leurs œuvres se montrent de grands et courageux artistes.

Le premier établissement d'une fourmilière présente un de ces spectacles animés dont on a peine à détacher ses regards; c'est tout un monde en miniature. Quelle activité et quelle ardeur! Ici de prudents éclaireurs vont sondant le terrain; là, des batteurs d'estrade se lancent intrépidement à travers les hautes herbes; plus loin, de hardis pionniers escaladent les végétaux, grimpent sur les arbres, et du haut de ces belvédères aériens inspectent la contrée. Des myriades de petits êtres presque imperceptibles se dispersent de toutes parts. Ceux-ci parcourent les chemins, explorent les avenues; ceux-là fouillent les broussailles; ailleurs, de noires processions assiégent le bord de la fourmilière, charriant qui un brin de chaume, qui un débris de feuilles, qui de longues pièces de bois auxquelles se sont attelés plusieurs ouvriers de bonne volonté. Tous sont à l'œuvre: les uns traînent des fragments ligneux, les autres sont chargés de petites pierres, de petits coquillages; des files entières de travailleurs sont dans un continuel va-et-vient; ils montent, descendent, se heurtent, se croisent: le nid semble l'image de la confusion, mais celle-ci n'est qu'apparente; malgré cette multitude innombrable d'artisans, malgré cette cohue de gens affairés, tout se passe avec ordre; chacun apporte en tribut sa portion de butin. Il s'agit de bâtir la cité; ce n'est pas trop d'un assaut général donné à tous les environs; au besoin, la terre entière serait mise au pillage pour fonder la patrie.

Dans l'art de bâtir, les fourmis, à coup sûr, ne déploient pas la science mathématique des abeilles, ni les fantaisies romantiques des guêpes; mais pour être plus simples, leurs constructions n'en ont pas moins un mérite réel aux yeux de l'observateur.

Non-seulement leurs matériaux et leurs procédés diffèrent, mais plusieurs espèces savent encore apporter à leur travail d'ingénieuses modifications: chez toutes, la grandeur de l'édifice forme un piquant contraste avec l'exiguïté de l'ouvrier et montre tout ce que peut une association de forces dirigées vers un même but : qu'elles élèvent leurs bâtiments avec de la terre, qu'elles les découpent dans l'intérieur des arbres ou qu'elles les construisent simplement avec des bûchettes, des feuilles ou d'autres menus débris, leur habitation n'en répond pas moins aux besoins multiples du peuple qu'elle abrite.

Chaque espèce de fourmi a son ordre spécial d'architecture.

La fourmi fauve (*formica rufa*), l'une des plus communes dans nos bois et le long des haies, ramasse tous les objets de facile transport qui se rencontrent à sa portée, des fragments ligneux, des brins de paille, des feuilles, des débris de coquillages et d'insectes, pour ériger le dôme de sa métropole; elle y entasse encore toute espèce de graines, du blé, de l'orge, de l'avoine, non comme provisions d'hiver dont se munit sa prévoyance, mais dans le but de fortifier la couverture du nid. A force de voiturer des matériaux de toute espèce, sa surface s'élève et finit par prendre l'aspect d'un monticule arrondi, dont la base, souvent couverte de terre et de parcelles plus solides, forme la zone au-dessus de laquelle se dresse la partie ligneuse de la fourmilière. Au premier abord, on dirait une masse informe; mais dans ce simulacre de chaos, un œil attentif ne tarde pas à démêler la disposition ingénieuse à l'aide de laquelle la fourmi met son nid à l'abri des inondations, le préserve des injures de l'air, le défend contre ses ennemis et tamise les rayons du soleil pour chauffer l'intérieur de l'habitation et graduer sa température.

Le monticule qui signale la fourmilière n'est que l'enveloppe extérieure du nid, sa partie essentielle et la plus considérable plonge sous terre, à diverses profondeurs; des avenues habilement ménagées conduisent du sommet de l'édifice dans l'intérieur, elles sont d'autant plus multipliées que les habitants sont plus nombreux. Leur ouverture est plus ou moins large. Quelquefois il en existe une principale au sommet; le plus souvent cependant on en voit plusieurs d'égale dimension, autour desquelles serpentent, de la base au faîte du monticule, beaucoup de passages plus étroits. Ce sont les portes de l'habitation, comme Thèbes et Memphis avaient les leurs; c'est par ces issues que les fourmis fauves se rendent au dehors. Bien différentes des espèces qui fuient la lumière et se tiennent confinées au fond de leurs retraites, tant que le soleil est sur l'horizon nos insectes aiment à vivre en plein air, ils n'évitent nullement la présence de l'homme et ne craignent pas d'accomplir devant lui une partie de leurs travaux. Pendant le jour, on voit les fourmis fauves s'ébattre sur leur nid et y transporter, en tous sens, une foule de matériaux. Elles n'ont alors aucune inquiétude pour leur domicile, des milliers de soldats sont là tout prêts à repousser l'ennemi assez téméraire pour tenter de s'y introduire; mais à mesure que la lumière décline et que l'ombre s'accroît, la prudence conseille les précautions : elles rétrécissent, par degrés, le diamètre de leurs avenues. Vers le soir, l'aspect de la fourmilière change d'heure en heure, les fourmis sont occupées à fermer leurs passages. Cette tâche, ainsi que toutes les autres manœuvres, s'opère par la division du travail, les emplois sont répartis selon les forces et l'aptitude des individus. Chaque ouvrière remplit toujours la même fonction. L'une apporte de petites poutres; une autre les charrie auprès des portes; une troisième les fait tomber au fond d'un trou; là, une autre fourmi s'en empare et les dispose au-dessus de l'ouverture; successivement, de nouvelles poutres, de plus en plus faibles, s'ajoutent aux premières et sont placées en sens inverse; l'entrée n'est déjà plus qu'un étroit défilé. La nuit venue, tous les passages sont barricadés, fermés, toute trace d'ouvertures est dissimulée au moyen des feuilles sèches qui les recouvrent. Avant la clôture absolue des portes, les habitants de la fourmilière gagnent petit à petit leur gîte; les aventurières s'empressent de rentrer; le couvre-feu ramène les retardataires au fond du nid; tout y repose, à l'exception des sentinelles cachées derrière les portes, et chargées de veiller à la sûreté générale.

Au point du jour, la scène change. D'abord, nul bruit, aucun mouvement dans la fourmilière, le calme y règne comme dans une cité bien gardée. Quelques fourmis, seules, font leur ronde sur les dehors du nid. A mesure que l'aube blanchit davantage, certaines ouvrières, plus matineuses, montrent leur tête à l'entrée des galeries; la place explorée, on enlève les barricades, les ponts-levis, les chevaux de frise; les obstacles de toutes sortes sont dispersés sur la fourmilière, la circulation est rétablie et la joyeuse peuplade d'accourir, de toutes parts, à la surface du nid pour jouir du retour du soleil et recommencer ses travaux. L'ouverture et la fermeture des portes exigent plusieurs heures d'un travail continu. Chaque matin, pendant la belle saison, les mêmes opérations se renouvellent; les jours où la pluie menace, ce que les fourmis devinent bien mieux que Mathieu Laensberg, les portes restent fermées ; le ciel se montre-t-il nébuleux ? on n'ouvre qu'en partie l'entrée des avenues.

A son origine, la fourmilière est une simple cavité pratiquée dans le sol ; les fourmis, avant tout, commencent par s'assurer d'une retraite souterraine. Dans ce but, elles se partagent en plusieurs détachements ; on y distingue le camp des mineuses et celui des pourvoyeuses, l'un et l'autre renforcés d'un bataillon de manœuvres. Dès que la tranchée a été ouverte à coups de mandibules ou que le hasard a offert quelque trou favorable, les bûcheronnes vont en quête des matériaux destinés à fournir la charpente extérieure ; arrivées au nid, elles se déchargent de leur fardeau et partent de rechef pour butiner. Les ouvrières à domicile charrient, à leur tour, feuilles et bûchettes et en disposent d'abord sans plan bien régulier, elles se bornent à masquer l'entrée de la tanière. De leur côté, les mineuses agissent. Sans compromettre la solidité des parties qu'elles attaquent, elles détachent des blocs, trouent la muraille, creusent ses parois, et, quoique travaillant chacune séparément, poursuivent une idée commune ; les déblais sont repris par les manouvrières et portés à la surface. Pendant ce temps, diverses escouades de travailleurs continuent d'apporter du dehors des débris de toute nature ; à mesure que l'excavation s'approfondit, les déblais terreux servent, concurremment avec les matériaux déjà mis en œuvre, à boucher la plupart des vides et à donner une certaine consistance à l'édifice. Il grandit à chaque instant et prend, de plus en plus, la forme bombée. On le croirait massif, mais bien s'en faut, c'est un labyrinthe miné de toutes parts. Pendant sa construction, les fourmis y ont réservé de nombreux espaces vides qu'elles transforment en galeries aboutissant au dehors de la fourmilière. L'intérieur du nid renferme des corridors, des carrefours, des places publiques, des chambres, des salles spacieuses, mais très-basses, disposées par étages les unes au-dessus des autres et destinées à recevoir temporairement les larves et les nymphes : tous ces aménagements communiquent entre eux par des passages souvent verticaux. La salle la plus grande, le forum, occupe la partie centrale de l'habitation ; elle surpasse les autres en hauteur ; de simples poutres la traversent et soutiennent le plafond ; tous les corridors débouchent vers ce point, c'est là que se tiennent la plupart des fourmis. Le bâtiment ainsi excavé et suspendu en quelque sorte sur des ogives, croulerait infailliblement sous le poids de ses innombrables habitants, si les matériaux de l'édifice étaient uniquement juxtaposés ou même simplement entrelacés ; mais la terre qui remplit leurs interstices, tour à tour délayée par l'eau des pluies, séchée et durcie par le soleil, devient ciment sous cette double influence, lie ensemble toutes les parties de la fourmilière, leur donne de la consistance et les rend imperméables; jamais le nid proprement dit n'est mouillé, même après une pluie continue, sa forme bombée tend à en écarter les eaux.

Il n'est pas rare de rencontrer des fourmilières qui ont plus de soixante centimètres d'élévation sur une profondeur au moins égale. Que de main-d'œuvre! que de fatigues de toute espèce! quels héroïques efforts ces petits êtres n'ont-ils pas dû faire pour élever ce colossal monument! Mais c'est bien autre chose, vraiment, quand un malheureux accident renverse ou écrase l'édifice. Comme de juste on court au plus pressé. Les survivants volent au secours des mourants et des blessés; on retire de dessous les décombres mâles, femelles, larves et nymphes et on les porte dans des cases provisoires, en attendant que la cité soit rebâtie. Tout ce qui est resté debout dans ce grand désastre est utilisé, tout ce qui chancelle est étayé; la nation entière des travailleurs se fait maçonne, charpentière; d'infatigables ouvrières transportent, du matin au soir, une multitude de matériaux; les pourvoyeuses se chargent de nourrir ceux qui travaillent; grâce à ce puissant concours de bonnes volontés, la cité sort bientôt de ses ruines; elle compte presque autant d'habitations restaurées que de logements nouveaux, et, suprême effort de l'intelligence! les nouvelles bâtisses se raccordent avec les anciennes.

La partie souterraine du nid ne peut être observée que lorsque la fourmilière est adossée à un terrain en pente; enlevez la calotte ligneuse qui la couvre, et vous apercevrez la coupe intérieure de l'habitation, vastes catacombes où des loges horizontales creusées dans la terre s'échelonnent par étages; elles offrent, du reste, les mêmes dispositions qu'on remarque dans la demeure des fourmis maçonnes.

Cette catégorie comprend les fourmis dont les nids ou monticules ne sont composés que de terre, sans mélange d'autres matériaux, et présentent, à l'intérieur, des cases, des loges voûtées et des galeries construites avec art.

Les fourmis maçonnes comptent de nombreuses espèces; toutes bâtissent avec une terre plus ou moins compacte. Les unes, telles que la noire cendrée et la mineuse (*formica fusca*, *cunicularia*), emploient une terre assez grossière; les autres, comme la fourmi brune, la jaune (*formica brunnea*, *fulva*) se servent d'une pâte extrêmement fine; chacune édifie à sa façon.

La fourmi brune, l'une des plus petites du genre,

se distingue par son industrie. Sa fourmilière, de forme arrondie, est ordinairement établie au milieu des prés, des gazons, ou sur le bords des sentiers.

Redoutant la lumière et la grande chaleur, elle se tient, pendant le jour, renfermée dans son habitation, n'en sort qu'après le soleil couché ou par la rosée, et bien que son nid ait deux ou trois petites ouvertures à la surface, elle ne le quitte qu'en se dérobant à la faveur de galeries souterraines dont l'issue s'ouvre quelquefois à plus d'un mètre du monticule. Les étages de sa demeure, élevés de dix à douze millimètres et divisés par des cloisons de un millimètre environ d'épaisseur, sont fabriqués d'un grain si fin, que les parois internes des murs semblent lisses. Ces étages ne sont pas horizontaux, ils suivent la pente du terrain; les fourmis brunes, dans leurs bâtisses, ne s'astreignent pas à un plan uniforme, elles s'inspirent des lieux et des circonstances; mais quelque disposition qu'elles adoptent, celle de leurs étages est toujours concentrique: l'étage supérieur recouvre tous les autres, l'étage suivant embrasse celui au-dessous, ainsi du reste jusqu'au rez-de-chaussée qui communique avec les logements souterrains.

Si l'on examine chaque étage séparément, on y découvre des excavations habilement pratiquées, des places, des salles, des cases plus étroites et des couloirs ou galeries leur servant de communication. Les grandes salles de réunion s'appuient sur des colonnettes, sur des murailles extrêmement minces, ou bien sont supportées par des arcs-boutants. Plusieurs cases n'ont qu'une seule entrée ; il en est dont l'orifice répond à l'étage inférieur; sur quelques points, de larges espaces ouverts de toutes parts représentent des carrefours auxquels toutes les rues aboutissent. Les cases et les places les plus vastes sont occupées par les fourmis adultes; les nymphes habitent les loges plus ou moins rapprochées de la surface suivant les heures de la journée et l'état de la température. A cet égard, les fourmis brunes sont de véritables sensitives, elles perçoivent les moindres variations de l'atmosphère et connaissent parfaitement le degré de chaleur qui convient à leurs nourrissons. Leur nid renferme souvent quinze et vingt étages dans sa partie supérieure, et plus encore dans celle qui s'enfonce dans le sol. Quand un soleil ardent traverse les étages supérieurs, les fourmis se retirent avec leur progéniture dans la partie basse, dans leur fraîche Tempé ; au contraire, si des pluies continues rendent le rez-de-chaussée inhabitable, on déloge, on se transporte avec larves et nymphes dans les étages supérieurs, à l'abri de l'inondation.

Mais comment ce peuple microscopique, travaillant exclusivement avec de la terre, peut-il donner assez de solidité à des ouvrages aussi délicats? La terre extraite de la mine est-elle pétrie? la fourmi possède-t-elle un ciment particulier pour assembler les molécules terreuses? quels sont ses procédés? voilà l'énigme et voici la réponse. On sait déjà que les fourmis brunes ne s'aventurent hors de leur nid que par un temps frais ou quand le soleil n'est plus sur l'horizon.

Il leur faut nécessairement de l'eau pour lier les particules terreuses qui constituent l'unique matière de leurs constructions; une forte rosée, la fraîcheur de la nuit, l'humidité, tel est le secret de nos artistes. La pluie tombe, voyons les à l'œuvre. La fourmilière entre en mouvement. Quelques ouvrières se promènent sur le nid et y pratiquent des issues. Plusieurs arrivent du fond de leur gîte, mettent la tête hors du trou en agitant leurs antennes; reconnaissance faite du temps, elles rentrent. Bientôt, on les aperçoit de nouveau, mais, cette fois, elles ne craignent plus de paraître au dehors, elles se hissent sur la fourmilière et prennent la clef des champs. D'autres arrivent à leur suite portant, entre leurs mandibules, des parcelles de terre roulées en pelottes qu'elles ont détachées du fond de leur demeure, chacune les applique à un endroit déterminé. Là, une fourmi s'en sert pour jeter la base d'un mur ou d'un pilier, principe de toutes leurs constructions; sur cette assise fondamentale, une autre apporte son mortier; elle le divise, le pousse avec ses dents, de manière à effacer les petites inégalités de la bâtisse; à l'aide de ses antennes elle palpe chaque molécule de terre, et, après l'avoir convenablement disposée, l'affermit en la pressant avec ses pattes antérieures.

Les fondements des piliers et des cloisons jetés, l'insecte ajoute de nouveaux matériaux à son ouvrage pour lui donner plus de relief. Deux petits murs, destinés à former une galerie, s'élèvent-ils, à peu de distance, en face l'un de l'autre? La fourmi attend qu'ils aient dix ou douze millimètres; elle change la direction de son travail; au lieu de continuer de bâtir verticalement, elle place horizontalement de la terre mouillée contre l'arête interne et supérieure des deux murs, et lui forme ainsi un rebord qui, se prolongeant par degrés, finit par se rencontrer avec le rebord du mur opposé et remplit l'intervalle de séparation: déjà, le plafond se dessine, il se courbe en cintre, son épaisseur ne dépasse guère un millimètre.

La sommité des piliers, les angles produits par la rencontre des murs, les bords supérieurs forment les points d'appui des voûtes, ils servent, en même temps, de fondements aux loges, aux salles et aux places qui divisent l'intérieur des étages.

De toutes parts les fourmis arrivent avec du ciment, on s'agite, on s'empresse, mais tout se fait avec beaucoup d'ordre et un accord parfait. L'activité est prodigieuse; c'est, qu'en effet, on ne saurait trop se hâter : l'humidité est une faveur du ciel, les fourmis savent, d'instinct, qu'il faut la saisir au passage, sans elle, point de travaux. Toutes les opérations sont réglées comme si l'on avait tenu conseil : galeries couvertes, salles, piliers, loges, places et carrefours s'exécutent à la fois; un étage succède à un étage, des appartements, au grand complet, s'élèvent, du soir au matin, chacun d'eux exige sept ou huit heures de corvée : la nuit même n'arrête pas l'ardeur des ouvrières.

Les molécules terreuses, mises en œuvre par les fourmis, adhèrent ensemble au plus léger contact, mais elles ne sauraient, dans cet état, constituer un édifice solide. Les différentes parties de la bâtisse ne tiennent encore que par juxtaposition; il faut qu'une averse relie plus étroitement les parcelles de terre et vernisse la surface extérieure des plafonds, des murs et des galeries restés à découvert : la pluie, loin de diminuer leur cohésion, ne fait que l'accroître, elle efface jusqu'aux inégalités de la maçonnerie. Le dessus des étages composé de tant de pièces rapportées, après avoir été ainsi lavé, n'offre plus qu'une seule couche de ciment bien uni, et n'a plus besoin, pour se consolider, que de l'action combinée du vent et du soleil.

Quelquefois, cependant, une ondée trop violente ou une pluie continue renverse les cases dont la voûte n'était pas achevée, les fourmis les ont bientôt relevées. Tant que la terre est suffisamment humide, elles travaillent sans relâche; mais il arrive souvent qu'au beau milieu de leurs travaux un vent impétueux s'élève, qui saisit subitement la maçonnerie toute fraîche et l'empêche de prendre, le chômage devient alors inévitable; les fourmis abandonnent l'ouvrage qui a séché trop vite; elles détruisent toute bâtisse nouvelle non couverte arrêtée brusquement par l'effet du vent, et dispersent ses débris sur la dernière plate-forme; un peu plus tôt, un peu plus tard, cette construction avortée serait tombée d'elle-même en poussière.

C'est en mettant la pluie à contribution pour faire leur mortier et en profitant du soleil pour consolider leur établissement, que les maçonnes procèdent à leur construction. Elles savent, à la fois, miner et bâtir; une industrie aide l'autre; cette double opération marche de front dans la partie basse de l'édifice ainsi que dans la zone au-dessus du sol; la même science y préside, seulement, les appartements souterrains sont plus vastes.

Il est facile de suivre la fourmi brune dans son

travail d'architecture; pour se procurer cet amusant spctacle, il suffit d'un léger artifice : trempez une brosse dans l'eau, passez la main, dans les deux sens, sur la partie flexible, et vous simulerez, de cette manière, une pluie très-fine au-dessus du nid. Les fourmis ne sont pas longtemps sans s'apercevoir que leur toiture est humide; elles sortent de leur gîte, circulent rapidement à la surface de la fourmilière, rentrent ensuite dans leurs trous et vont chercher, au fond du souterrain, des particules de terre qu'elles mettent en œuvre sur le nid, en présence même du spectateur; il les voit bâtir des murs, des cases, des appartements complets : le printemps est la saison de leurs grands travaux.

L'industrie des fourmis, loin d'être uniforme, a des faces très-diverses.

La fourmi noire (*formica nigra*), qui fait son nid sur le bord des chemins, dans les champs, dans les jardins, se creuse, à fleur de terre, de petites galeries aboutissant toutes à son domicile, comme les branches épanouies d'un éventail.

La fourmi sanguine (*formica sanguinea*) fabrique avec de la terre et d'autres matériaux un tissu serré, extrêmement solide et imperméable à l'eau.

La fourmi des gazons (*formica cespitum*) fait son nid dans la terre, entre les racines des touffes de gazon. Elle se bâtit, le long des brins d'herbe, jusqu'à quinze étages de petites cases et de galeries; des boyaux tortueux construits avec des particules de terre extrêmement fines la conduisent à sa fourmilière. A l'exemple de la plupart des maçonnes, la fourmi des gazons profite de la pluie pour bâtir ses édifices. Elle commence par extraire du fond du nid de la terre qu'elle met en tas et l'emploie à élever des murs parallèles. Quand ils ont un centimètre de hauteur, elle songe à les voûter. Nulle difficulté s'ils ne sont distants l'un de l'autre que de deux ou trois millimètres; la fourmi applique les molécules terreuses contre l'arête intérieure de chaque muraille, le plafond s'avance en ligne à peu près horizontale; la voûte dérive comme une conséquence naturelle de ce travail par approche, elle est complète, dès que les deux rebords des murs ainsi prolongés se sont rejoints. Mais l'opération n'est pas aussi simple lorsqu'il faut couvrir de vastes salles, des chambres de deux à trois centimètres; toute l'industrie des fourmis n'est pas de trop pour venir à bout de ce difficile problème. Les unes, pour soutenir temporairement la voûte, construisent des piliers qu'elles abattent ensuite en partie, les autres se servent, en guise d'arcs-boutants, de brins d'herbe qui se croisent : patience, industrie et courage finissent par triompher de tous les obstacles.

Les noires cendrées (*formica fusca*) construisent

tout différemment que les autres espèces ; leur industrie est fort simple. Si on la compare au talent de la fourmi fauve ou de la fourmi des gazons, c'est l'enfance de l'art, mais les combinaisons auxquelles ces fourmis ont recours, ne laissent pas d'être fort ingénieuses. Leur fourmilière, revêtue d'un dôme en terre fermé de toutes parts, n'a d'issue que près de sa base, encore, n'y parvient-on que par une galerie longue et tortueuse se dissimulant à travers le gazon, à une certaine distance du nid. Veulent-elles donner plus d'élévation à leur demeure ? elles commencent par couvrir le faîte d'une forte couche de terre tirée de l'intérieur. Dans ce lit, elles tracent en creux et en relief le plan d'un nouvel étage. D'abord, l'une d'elles creuse, çà et là, de petits fossés plus ou moins rapprochés et d'une profondeur à peu près égale. Les massifs de terre qui les séparent servent de bases aux murs intérieurs, autrement dit, aux cloisons des cases pratiquées à leur dépens ; les déblais qu'ils fournissent sont autant de matériaux de construction, on les utilise pour les plafonds : lorsque des logements ont été installés à la place de la terre enlevée, l'architecte n'a plus à s'occuper que de l'élévation et de la couverture. Une ouvrière entame le sol, elle y creuse un sillon, lequel peu à peu s'élargit en gouttière, elle le borde de chaque côté d'un bourrelet et conduit cette espèce d'avenue de l'une des cases à la bouche du souterrain. Ce travail est à peine achevé, qu'une autre fourmi ouvre à son tour une galerie aboutissant également aux loges. Les fourmis qui tracent de cette manière le plan d'un mur, d'une case, d'une galerie, d'une avenue, travaillent chacune de leur côté, aussi, arrive-t-il parfois que toutes les parties en construction ne coïncident pas parfaitement les unes avec les autres. Une voûte, par exemple, est ébauchée ; trop basse pour le mur parallèle qui doit la recevoir, elle rencontrerait ce mur d'attente à la moitié de son élévation si on la continuait sur le même plan. Un pareil obstacle semble insurmontable pour un si faible insecte, les noires cendrées ne s'en émeuvent pas; une fourmi (quelque barbe grise sans doute), passe, reconnaît l'erreur, détruit la voûte commencée, relève le mur sur lequel elle devait s'appuyer, et fait une nouvelle voûte qui, cette fois, conduite par une ouvrière expérimentée, remplit parfaitement toutes les conditions.

« C'est surtout lorsque les noires cendrées commencent quelque entreprise, dit Huber, qu'on croirait voir une idée naître dans leur esprit et se réaliser par l'exécution. Ainsi, quand l'une d'elles découvre sur le nid deux brins d'herbe qui se croisent et peuvent favoriser la formation d'une loge, ou quand elle aperçoit quelques petites poutres qui en dessinent les angles et les côtés, on la voit examiner les parties de cet ensemble, puis, placer avec beaucoup de suite et d'adresse des parcelles de terre dans les vides et le long des tiges, prendre de toutes parts les matériaux à sa convenance, quelquefois même sans ménager l'ouvrage que d'autres ont ébauché, tant elle est dominée par l'idée qu'elle a conçue et qu'elle suit sans distraction ! elle va, vient, retourne, jusqu'à ce que son plan soit devenu sensible pour d'autres : l'idée comprise, celles-ci achèvent en commun l'ouvrage dont leur compagne a pris l'initiative.

« La première qui conçoit un plan, en trace aussitôt l'esquisse, les autres n'ont plus qu'à continuer ce qu'elle a commencé. A l'inspection des premiers travaux, elles jugent de ceux qu'elles doivent entreprendre ; elles savent toutes ébaucher, continuer, polir ou perfectionner leur ouvrage selon l'occasion : leurs mandibules dentelées leur servent d'instruments tranchants, leurs antennes leur tiennent lieu de compas, et leurs pattes antérieures sont la truelle avec laquelle elles gâchent leur mortier, l'appliquent, l'étendent et le fixent en ciment solide. »

Rien n'est oublié de ce qui peut faciliter les travaux. Les ramuscules, les racines, les accidents du terrain sont autant de secours naturels qu'on se garde bien de négliger, ils simplifient l'opération et ajoutent à la solidité de l'édifice.

Le docteur Ébrard, auteur d'excellentes observations sur les mœurs des fourmis[1], fut un jour témoin du stratagème d'une noire cendrée qui révèle les plus ingénieux calculs de la part de cette espèce. « Un jour, dit-il, j'aperçus sur le sommet d'une fourmilière toute une ébauche d'un nouvel étage en construction. C'étaient des séries de galeries formées par deux murs opposés et mi-couverts, interrompues par de nombreuses cellules inachevées. Les extrémités supérieures des parois de plusieurs de ces salles faisaient, en dedans, une saillie de trois millimètres, et cependant elles laissaient entre elles un espace découvert large de deux centimètres. Les fourmis noires cendrées ne transportent jamais ni brins de bois, ni brins d'herbe et ne se servent jamais de piliers en terre ; comment les ouvrières s'y prendront-elles pour achever de couvrir les cellules commencées, avant que les matériaux formant le pourtour de la voûte inachevée ne tombent sous leur propre poids ? Le sol était mouillé et les travaux en pleine activité. C'était un va-et-vient continuel de fourmis sortant de leur demeure souterraine et apportant des morceaux de terre qu'elles adaptaient

1. Bibliothèque universelle. Revue Suisse et étrangère, n° 43. 20 juillet 1861.

aux constructions anciennes. Concentrant mon attention sur la salle la plus vaste, une seule fourmi y travaillait, l'ouvrage était avancé, et cependant, malgré une saillie prononcée en dedans de la partie supérieure des murs, un espace de douze à quinze millimètres restait à couvrir. C'était le cas, pour soutenir la terre restant à placer, d'avoir recours, comme le font plusieurs espèces de fourmis, à des piliers, à de petites poutres, ou bien à des débris de feuilles sèches, mais l'emploi de ces moyens n'est pas dans les habitudes des noires cendrées.

Notre ouvrière, paraissant quitter un moment son ouvrage, se dirigea vers une graminée peu distante dont elle parcourut successivement plusieurs feuilles, feuilles, comme l'on sait, linéaires, longues et étroites. Choisissant la plus proche, elle alla chercher de la terre mouillée qu'elle fixa à son extrémité supérieure. Elle recommença cette opération jusqu'à ce que, cédant sous le poids, la feuille s'inclinât légèrement du côté de la salle à couvrir. Cette inclinaison avait lieu malheureusement plutôt vers l'extrémité de la feuille, laquelle menaçait de se rompre. La fourmi, parant à ce grave inconvénient, la rongea à sa base externe, de sorte qu'elle s'abaissa dans toute sa longueur au-dessus de la salle à couvrir. Ce n'était point assez : l'apposition n'était pas parfaite, l'ouvrière la compléta en déposant de la terre entre la base de la plante et celle de la feuille, jusqu'à ce que le rapprochement désiré fût produit ; ce résultat obtenu, elle se servit de la feuille de graminée en guise d'arc-boutant, pour soutenir les matériaux destinés à former une voûte. »

A côté des fourmis qui construisent avec des fragments de toute nature et des maçonnes qui trouvent dans la terre seule les matériaux de leurs édifices, une tribu tout entière se choisit un domicile d'un genre différent et préfère un autre mode de bâtir, ce sont les fourmis sculpteuses. Leurs sociétés nichent dans l'intérieur des arbres, particulièrement dans le tronc des chênes, des saules et des châtaigniers. Sans autre outil que leurs mandibules, elles viennent à bout du bois le plus dur. Le grand maître de cette architecture à jour, qu'on peut comparer aux mille réseaux d'une guipure parfaitement ouvragée, est la fourmi fuligineuse (*formica fuliginosa*), ainsi appelée à cause de sa couleur d'un noir de suie.

« Qu'on se représente, dit Huber, l'intérieur d'un arbre entièrement sculpté, des étages sans nombre, plus ou moins horizontaux, dont les planchers et les plafonds, à cinq ou six lignes de distance les uns des autres, sont aussi minces qu'une carte à jouer, supportés tantôt par des cloisons verticales formant une infinité de cases, tantôt par une multitude de petites colonnes qui laissent voir entre elles la profondeur d'un étage presque entier, le tout d'un bois noirâtre et enfumé, et l'on aura une idée assez juste de l'habitation des fourmis fuligineuses.

« La plupart des cloisons verticales qui divisent chaque étage en compartiments sont parallèles ; elles suivent le sens des couches ligneuses toujours concentriques, ce qui donne un air de régularité à l'ouvrage. Les planchers, pris dans leur ensemble, sont horizontaux, les petites colonnes sont d'une épaisseur d'une à deux lignes, plus ou moins arrondies, d'une hauteur égale à l'élévation de l'étage qu'elles supportent, plus larges en haut et en bas que dans le milieu, un peu aplaties à leurs extrémités, et rangées en lignes, parce qu'elles ont été taillées dans des cloisons particulières.

« Quels nombreux appartements, quelle multitude de loges, de salles, de corridors ces insectes ne se procurent-ils pas par leur seule industrie, et quel travail une si grande entreprise n'a-t-elle pas dû leur coûter !

« Ici sont des galeries horizontales, cachées, en grande partie, par leurs parois qui suivent les couches ligneuses dans leur forme circulaire ; ces galeries parallèles, séparées par des cloisons très-minces, n'ont de communication que par quelques trous ovales pratiqués de distance en distance. Ailleurs, ces avenues, ouvertes latéralement, sont séparées entre elles par des parois; les fourmis ont aussi ménagé, çà et là, des cloisons transversales dans l'intérieur même des galeries pour y former des cases par leur rencontre avec d'autres; des trous sont encadrés par deux piliers que nos sculpteuses vont bientôt changer en colonnes.

« Là, ces parois percées de toutes parts et taillées artistement sont transformées en colonnades qui soutiennent les étages et laissent une communication parfaitement libre dans toute leur étendue; le parquet, creusé de sillons inégaux, sert à retenir les larves des fourmis.

« Les étages creusés dans de grosses racines offrent plus d'irrégularités que ceux pratiqués dans le tronc même de l'arbre; on y trouve encore des étages horizontaux et de nombreuses cloisons; mais si l'ouvrage est moins régulier, il gagne du côté de la délicatesse, car les fourmis profitent alors de la dureté de la matière pour donner à leur bâtiment une extrême légèreté.

« Enfin, à l'entrée de ces appartements travaillés avec tant de soin, se présentent des ouvertures beaucoup plus spacieuses. Ce ne sont plus des cases ni des galeries prolongées; les couches de bois, percées d'arcade en arcade, laissent aux fourmis un libre passage dans tous les sens, ce sont les portes ou les vestibules des logements auxquels ils conduisent. »

Au-dessous de ces sculpteuses émérites, plusieurs espèces se distinguent encore par leur art.

La fourmi rouge (*myrmica rubra*), quand il lui prend fantaisie de renoncer à son domicile habituel sous terre, où elle se creuse des galeries soutenues par des piliers, se loge dans le tronc des vieux arbres; elle y sculpte ses logements, à peu près comme la fourmi fuligineuse, mais sur une plus petite échelle. Elle monte son bâtiment à plusieurs étages; ses loges et ses cases sont supportées tantôt par de petites colonnes, tantôt s'appuient sur des parois extrêmement minces : le bois qu'elle entame ne perd pas sa couleur naturelle.

La fourmi rouge cultive donc deux professions bien distinctes : elle s'élève à volonté jusqu'à l'art difficile de la sculpture, et descend, au besoin, au modeste métier de maçon; elle ne croit pas déroger en échangeant le ciseau de l'artiste contre la truelle de l'ouvrier, quand ses besoins le lui commandent.

Ce cumul de deux facultés se retrouve encore chez la fourmi pubescente (*formica pubescens*). Cette espèce, commune dans les bois du midi de la France, pratique de longues galeries dans le tronc des vieux arbres, particulièrement dans les châtaigniers; mais ses ouvrages sont loin d'avoir le fini de ceux exécutés par la fuligineuse. Cette infériorité de main est rachetée, du reste, par l'instinct qui la porte à se servir de la sciure tombée au fond de son gîte pour fermer les passages inutiles, et distribuer en nombreux compartiments les parties trop vastes de son labyrinthe.

La fourmi hercule (*formica herculanea*), que sa grande taille a fait ainsi dénommer, se rapproche beaucoup des habitudes et de la façon de menuiser de la fourmi pubescente; elle vit, dans notre Midi, en sociétés peu nombreuses, sous l'écorce des vieux arbres.

La fourmi jaune enfin, qui figure déjà avec honneur parmi les maçonnes, vient clore cette revue artistique; son palais d'hiver se cache en terre et son chalet d'été se blottit au fond d'un arbre. Lorsqu'elle s'établit dans un vieux chêne décrépit, elle choisit délicatement les parcelles les plus fines de ce vétéran de la forêt, mélange sa vermoulure avec de la terre et des toiles d'araignée et en compose une pâte analogue à la matière papyracée des guêpes; des étages entiers sont bâtis avec ce singulier ciment.

La cité des fourmis est constituée. Souterraine chez le plus grand nombre, elle ne s'ouvre pas au premier venu, loin de là ; l'accès en est formellement interdit au vulgaire, on n'y a ses entrées qu'autant qu'on est de la maison ; la fourmi, d'ailleurs essentiellement maraudeuse, ne croit pas à la bonne foi des gens : pour elle, deux verrous valent mieux qu'un ; elle se tient constamment en garde contre les surprises, les intrusions furtives ou les agressions violentes.

Indépendamment des entrées principales toujours surveillées, il existe, dans certains nids, de petites ouvertures dissimulées sous des pierres, sous des broussailles, ou perdues à travers le gazon. Elles communiquent avec les cellules de l'intérieur, ne sont d'aucun usage pour la circulation et paraissent n'avoir d'autre destination que d'assurer la retraite en cas d'invasion ; une sentinelle en défend l'entrée ; de temps à autre, une ouvrière en visite les abords ; avant d'y pénétrer elle-même, elle a bien soin de croiser ses pas, afin de dépister l'ennemi.

Beaucoup d'espèces se creusent près de la surface du sol des galeries couvertes, connues seulement d'un petit nombre d'individus, et que, dans un danger pressant, on démasque, soit pour ouvrir une issue aux assiégés, soit pour tourner l'ennemi qui a déjà envahi la place, et culbuter, par un assaut imprévu, ses phalanges victorieuses. C'est ainsi qu'on a vu la fourmi grosse-tête (*formica capitata*), dont le domicile avait été envahi par des mineuses, tandis que tous les gens de la cité étaient aux champs, reconquérir son habitation à l'aide de ce moyen occulte de salut. A son retour, portes closes; l'étranger s'était installé en son lieu et place. L'attaquer, lui livrer bataille, les grosses-têtes l'eussent fait volontiers, mais les mineuses étaient en force, elles repoussèrent les propriétaires légitimes. Ceux-ci allaient être exposés à passer la nuit à la belle étoile, lorsqu'une fourmi de forte taille rejoint tout à coup la troupe mise en désordre, circule de rang en rang, fait jouer ses antennes sur sa milice, et se dirige, à la tête d'une petite troupe choisie, vers la fourmilière envahie. En général habile, au lieu de l'aborder de front, elle décrit prudemment plusieurs circonvolutions, s'arrête à quelque distance, et là découvre avec ses mandibules une ouverture secrète. Aussitôt une partie de la troupe travaille à l'agrandir, l'autre va chercher le reste de l'armée; cette dernière s'ébranle à la fois, arrive à la poterne démasquée et fond sur les mineuses : cette fois, le bon droit triomphe, l'ennemi est expulsé. Le lendemain de cette échauffourée, il n'y avait plus trace de l'ouverture qui avait sauvé toute la population.

Plusieurs fourmilières ont près de leur entrée un

vestibule intérieur, véritable corps de garde où se tient un certain nombre de fourmis chargées de veiller à la sûreté publique. La fourmi fauve, entre autres, use de cette précaution. Un intrus se présente-t-il sur son monticule, le poste, à l'instant, accourt et donne l'alarme; la fourmilière aussitôt vomit des légions de combattants.

La fourmi hercule défend son nid d'une autre manière. Très-craintive de son naturel, quoique retranchée dans le tronc d'un chêne, elle s'effraye au moindre bruit; un moucheron qui bourdonne fait rentrer dans leur gîte les sentinelles de faction aux abords du nid. Tandis que la garde s'enferme dans la citadelle, des espions aux aguets, la tête aux ouvertures, se tiennent immobiles. Si rien ne bouge au dehors, quelques fourmis s'avancent, font une courte reconnaissance autour de l'orifice, puis rentrent dans leur trou; la peur les tient-elle encore? une seconde, une troisième ronde plus sévères ont lieu; enfin, on ne s'aventure que lorsque toute crainte est entièrement dissipée.

A voir les édifices d'architecture variée des fourmis, on serait tenté de les regarder comme l'œuvre de plusieurs familles d'insectes, tant leurs procédés de bâtir sont ingénieux! une semblable diversité n'existe pas dans leurs mœurs proprement dites; à part le génie guerrier qui caractérise un petit nombre de tribus exceptionnelles, un genre de vie à peu près identique rapproche tous les individus appartenant aux hétérogynes, et permet de les comprendre dans une même étude.

Les fourmis, comme tous les autres insectes, proviennent d'un germe fécondé et subissent plusieurs métamorphoses.

Les femelles pondent en marchant; les gardes du corps qui les accompagnent relèvent à l'instant même leurs œufs, les amoncellent, les portent à leur bouche, les tournent et retournent sans cesse avec leur langue pour les tenir constamment humectés, et les déposent ensuite dans des chambres spéciales.

Les œufs de fourmi sont si microscopiques, qu'on peut à peine les distinguer à l'œil nu; leur surface est unie, luisante et d'un aspect variable. Les plus petits sont cylindriques, d'une couleur blanche; les plus gros sont transparents, faiblement arqués à leurs extrémités, et n'offrent qu'un point opaque et bleuâtre dans leur intérieur. Ceux de moyenne dimension n'ont qu'une demi-transparence, une espèce de nuage voile le dedans; les uns se distinguent par un point transparent à leur bout supérieur; chez les autres, le petit nuage est enveloppé d'une zone claire; un certain nombre a l'intérieur tout à fait limpide.

L'œuf ne conserve pas son volume primitif, il est susceptible d'accroissement; sa coque, formée d'une membrane élastique, se prête au développement graduel de l'être qu'elle renferme; voilà pourquoi, sans doute, l'œuf a besoin de baigner dans une chaleur et une lubréfaction constantes sans lesquelles il se dessécherait : quand on le soustrait prématurément aux ouvrières, avant qu'il ait atteint toute sa longueur et une transparence déterminée, il n'en sort pas de larve.

Par la même raison qui détermine la primogéniture chez les guêpes, les bourdons et les abeilles, les œufs d'ouvrières sont les premiers pondus; ceux qui ne l'ont été qu'à l'arrière-saison éclosent seulement au printemps, un peu plus tôt, un peu plus tard, selon que l'hiver se prolonge plus ou moins; les œufs de femelles paraissent au commencement de l'été, ils suivent de près ceux de mâles.

Quinze jours après la ponte, l'œuf se fend et la larve se montre au dehors. Elle est alors complétement transparente et ressemble à un petit ver blanc sans pattes, gros, court et de forme conique. Son corps, toujours courbé, se compose d'une tête écailleuse et de douze anneaux. Sa bouche porte deux petits crochets écartés, rudiments des mandibules, entre lesquels se trouve un mamelon presque cylindrique et rétractile : c'est par là qu'elle reçoit la becquée. D'après les observations de Leuwenhoeck, les larves se remuent, mais ne peuvent marcher; elles restent constamment dans l'endroit où on les a placées et sont incapables de pourvoir à leur nourriture: aussi sont-elles sous la dépendance absolue des ouvrières. A peine écloses, on pourvoit à leur sûreté. La fourmi des gazons place dans autant de chambres distinctes les larves des mâles, des femelles et des ouvrières; le plus grand nombre des espèces cependant les transportent au centre de la fourmilière, à une assez grande profondeur, et les entassent, en général, en monceau. Les soins les plus assidus leur sont prodigués. Une troupe de fourmis les garde toujours à vue; dressées sur leurs pattes et le ventre en avant, elles veillent à leur défense, prêtes à seringuer leur venin contre quiconque tenterait d'approcher; d'autres, immobiles sur les larves, semblent les couver.

Sous ce premier état, les vers ne peuvent se passer de soin, ils ont surtout besoin d'une dose de chaleur combinée avec un certain degré d'humidité. La température de la fourmilière cependant n'est pas constamment la même, elle subit toutes les variations de l'atmosphère; à chaque heure du jour aussi, les ouvrières sont occupées à changer de place leurs nourrissons : elles les saisissent adroitement avec leurs mandibules et les transportent successivement à différents étages pour les faire profiter de la douce influence du soleil. Sans thermomètre ni hygromètre, nos insectes connaissent parfaitement les orientations qui leur conviennent le mieux aux diverses phases de la journée. Le matin, ils les placent à l'exposition du levant; dans le milieu du jour, au midi; et le soir, dans la partie du nid qui regarde le couchant; suivant que l'atmosphère est humide ou sèche, chaude ou froide, ils en suivent toutes les impressions dans la fourmilière, rapprochent les larves de sa surface ou les tiennent dans des cases plus profondes : leur domicile, avec ses vingt étages, est un véritable thermomètre gradué.

C'est surtout au printemps que la tendresse des fourmis pour leurs petits offre un vif intérêt à l'observateur. A cette époque, dès que le soleil vient frapper la fourmilière, toute la population entre en mouvement. Les ouvrières qui se trouvent à la surface du nid descendent aussitôt dans l'intérieur, avertissent leurs compagnes, courent de l'une à l'autre, les pressent, les heurtent, les excitent, gourmandent et saisissent avec leurs mandibules celles qui ne paraissent pas les comprendre, les entraînent au sommet de la fourmilière et les y laissent pour aller aussitôt informer les habitantes du fond qu'un rayon de soleil darde le nid et que l'heure du transport des larves est venue. Les antennes, ce télégraphe électrique des fourmis[1], ont joué ; il n'en faut pas davantage pour répandre l'agitation sur tous les points ; tout bruit dans la fourmilière; les processions ne discontinuent pas; des files de porteuses montent, descendent, remontent le long des quinze ou vingt étages. Les petits sont déposés en tas et soumis à l'influence du soleil; quand ils y sont restés quelque temps à la même place, les ouvrières les soustraient à son action directe et vont les abriter dans quelque coin du nid. Elles-mêmes, pendant ces fonctions, ne s'oublient pas; elles s'étendent au soleil, s'y entassent les unes sur les autres, savourant la jouissance de quelques instants de repos. Elles l'ont bien gagné, les pauvrettes! Mais dans une république, où chacun par son travail contribue à la prospérité générale, les loisirs sont nécessairement très-courts, on ne fait relâche que juste ce qu'il faut pour réparer ses forces : de nombreux travaux, d'ailleurs, demanderont bientôt le concours du peuple ouvrier. Les larves ont faim, elles réclament leurs repas; dressées sur leurs corps, elles cherchent la bouche de leurs nourrices : les ouvrières s'approchent d'elles, écartent leurs mandibules et leur dégorgent les sucs qu'elles ont préalablement élaborés dans

1. Michelet. *L'Insecte.*

leur estomac. La becquée est une lourde et douce tâche, elle se donne chaque jour, et comme la fourmi, toute butineuse qu'elle est, n'emmagasine pas de provisions pour nourrir sa lignée, il lui faut récolter, au jour le jour, les liquides sucrés dont se compose principalement l'alimentation des larves, et les leur donner de la même manière que les oiseaux nourrissent leurs petits, opérations laborieuses et minutieuses s'il en fut; mais de quoi la tendresse maternelle ne vient-elle pas à bout? Les ouvrières ne se contentent pas de cette preuve d'affection pour les petits êtres dont elles ne sont que les nourrices bénévoles, leur dévouement embrasse tous les détails de l'éducation : soins hygiéniques, soins de propreté, de conservation et de défense, elles remplissent tous ces rôles à leur égard. Elles passent à chaque instant leur langue sur leur corps, les lèchent, les brossent, les caressent, distendent leur peau et la ramollissent, comme pour les préparer à l'épreuve critique de leur seconde métamorphose.

Les larves de certaines espèces passent l'hiver amoncelées au fond de leurs cases, et, dans ce cas, leur corps est garanti du froid par une fourrure de poils, livrée qu'elles n'ont jamais dans la belle saison : l'hibernation est exclusivement propre aux ouvrières; les mâles et les femelles n'existent qu'au printemps dans les fourmilières et ne se métamorphosent qu'au commencement de l'été.

Avant de se changer en nymphes, les larves des fourmis proprement dites et des fourmis privées d'aiguillon, se filent une coque de soie cylindrique, allongée, d'un jaune pâle, très-lisse, et d'un tissu serré qui se moule exactement sur leur corps, elles s'y renferment.

La nymphe, dans les premiers moments, est toute blanche, à l'exception de ses yeux de couleur brune. Sous cette forme transitoire, elle possède tous ses organes; les parties de l'animal adulte se distinguent nettement, rangées, dans un ordre régulier, sur les côtés et le dessus du corps. Les yeux bordent la tête; les antennes sont logées entre les pattes; celles-ci sont pliées en deux et disposées latéralement; les ailes ressemblent à des moignons ovales, couchés également le long du corps; le corselet et l'abdomen, ainsi que l'insecte entier, sont renfermés dans la coque comme dans un sac.

L'animal remue encore quelque peu lorsqu'il vient de cesser d'être larve, mais bientôt il tombe dans une immobilité complète. Pendant son état de nymphe, il change graduellement de couleur, passe du blanc au jaune pâle et ensuite au rouge; quelques espèces finissent par prendre une teinte brune ou noirâtre. La nymphe a déjà tous ses organes, mais dépourvus de consistance. Jusqu'à son entière délivrance, elle ne peut se passer des bons offices des ouvrières. Incapable de s'affranchir toute seule de ses entraves, elle périrait infailliblement dans sa coque si un secours ne lui venait du dehors; les ouvrières, averties instinctivement de ses besoins, connaissent le moment précis où leur intervention est nécessaire. Cet instant arrivé, trois ou quatre d'entre elles se réunissent, montent sur la coque, la pincent, la tiraillent, la tordent, l'amincissent à l'une de ses extrémités, arrachent quelques fils de soie au tissu qu'elles veulent percer, insèrent leurs dents à travers les mailles rompues, brisent chaque fil l'un après l'autre, puis enfin agrandissent l'ouverture en coupant une bande dans le sens longitudinal de la coque : une grande difficulté est maintenant surmontée, mais l'insecte captif, du moins pour beaucoup d'espèces, n'est pas encore en liberté. Chez la noire cendrée, la mineuse et quelques autres encore, la délivrance est presque immédiate, leurs nymphes sont nues, c'est-à-dire sans coque, lorsque arrive le jour où elles sont maîtresses d'elles-mêmes. Aussitôt après leur passage de l'état de larve à celui de nymphe, les ouvrières se hâtent de les débarrasser de leur manteau. Dans quel but le déchirent-elles prématurément? on l'ignore; on sait seulement que ce n'est pas pour mettre plus vite les prisonnières en liberté et leur enlever plutôt la seconde tunique qui s'applique immédiatement sur leur corps : elles ne leur rendent jamais ce dernier service qu'autant que leurs organes se sont suffisamment raffermis et sont en état de se mouvoir avec facilité. Ceci n'est point une hypothèse, Huber et Latreille appuient cette opinion de faits bien observés; du reste, il est aisé de les contrôler. Si l'on s'avise de tirer de leur coque des larves venant de filer et n'étant pas encore métamorphosées, elles se dépouillent, il est vrai, quelques jours après de leur peau, mais elles ne peuvent dégager leurs pattes; celles-ci y restent attachées ainsi que leur abdomen; nul ne leur venant en aide dans cette extrémité, elles ne tardent pas à périr. La coque, dans les espèces chez lesquelles on la rencontre, semble destinée à préserver la nymphe de l'impression directe de l'air et à empêcher les substances liquides dont son corps est rempli de s'évaporer trop vite ; son enlèvement prématuré entraîne le dessèchement des parties vitales de l'insecte et détermine promptement sa mort.

Toutes les larves, y compris celles qui, indépendamment de la tunique enfermant chacun de leurs membres, se filent une coque et gardent jusqu'à la fin de leur seconde métamorphose cette espèce de sac collectif, n'acquièrent la liberté complète de leurs mouvements que lorsque l'enceinte intérieure de leur prison a disparu. Pour se dépouiller une dernière fois avant de se montrer insecte parfait, la nymphe gonfle et contracte en même temps ses membres à l'aide de contorsions réitérées; la pellicule se rompt en dessus; l'animal délivre d'abord sa tête, puis son corselet, puis son abdomen; il fait ensuite glisser la tunique le long de ses pattes, dernière partie qu'il cherche à dégager en se donnant force mouvements; il a beaucoup de peine à s'en débarrasser : il y parvient, selon l'expression pittoresque de de Géer, « à peu près comme nous nous défaisons d'une chemise en la tirant par en bas. » Tout n'est pas fini; une opération délicate reste encore à accomplir : il s'agit de tirer les membres de l'état d'inertie où leur maillot les a tenus; les ouvrières encore, dans cette circonstance, sont d'un précieux secours; elles dégagent de leurs gaînes, avec des précautions et une adresse infinie, d'abord les antennes et les palpes labiales, ensuite les pattes et les ailes, puis délivrent délicatement toutes les membranes susceptibles de s'étendre. La jeune fourmi est alors en état de marcher, elle a surtout besoin de se refaire après une délivrance aussi laborieuse : ses gardiennes s'empressent de lui apporter à manger.

Cette sollicitude envers les petits confiés à leurs

soins, les ouvrières la leur continuent plusieurs jours encore après que les nymphes ont terminé leur dernière métamorphose; elles surveillent les nouveau-nés, les accompagnent partout dans la fourmilière, les initient aux dédales de leur labyrinthe, les nourrissent avec le plus grand zèle; en un mot, elles ne cessent leur tutelle désintéressée et n'abandonnent leurs pupilles à eux-mêmes, que lorsqu'ils sont tout à fait en état de pourvoir à leur subsistance et de contribuer à leur tour aux charges de la société.

Tandis qu'une partie des fourmis secondent les efforts des nymphes et rompent les entraves des mâles, des femelles et des ouvrières, à mesure que l'époque de leur dernière transformation est arrivée, d'autres chargent sur leurs mandibules les coques et les tuniques vides, et les réunissent dans les loges les plus éloignées du centre de l'habitation. Certaines espèces les charrient loin du nid, d'autres les sèment sur sa surface extérieure, quelques-unes les entassent dans des cases particulières.

La liberté dont jouissent les nouveau-nés après leur délivrance n'est pas absolue pour tous les sexes. Les ouvrières, en compensation de leur vie de sacrifice, ont seules leurs coudées franches, elles peuvent circuler de jour et de nuit dans toutes les parties de la fourmilière, entrer, rester dans le nid, en sortir à leur gré ; rien ne limite leur indépendance. Les mâles et les femelles ne partagent pas leur privilége, ils sont cantonnés. A la vérité, ils ont le loisir de se rendre réciproquement des visites dans leurs logements respectifs ; faculté même leur est laissée de se promener dans l'intérieur de la cité, voire même d'aller de temps en temps respirer le grand air sur la voûte extérieure du nid, mais toujours sous la surveillance d'une escouade d'ouvrières qui les garde à vue ; à la moindre alerte, on les fait rentrer au fond de la fourmilière : défense leur est faite d'en franchir les bornes en temps ordinaire ; quand ils s'échappent, c'est qu'ils ont forcé la consigne et déjoué les efforts des ouvrières surprises ou impuissantes à retenir une multitude indisciplinée.

Dans nos climats, les mâles et les femelles paraissent avec leurs ailes vers la fin du mois d'août ou le commencement de septembre. La fourmi hercule, la pubescente, la fourmi des gazons sont les premières à se montrer ailées ; d'autres, comme la fugace (*formica fugax*), ne laissent voir ces organes que plus tard.

Toute aile doit voler, partant l'apparition des fourmis ailées est l'indice de l'émigration prochaine des mâles et des femelles. La propagation de l'espèce les pousse hors de la fourmilière ; rarement l'accouplement a lieu dans le nid, il s'accomplit hors de son enceinte, dans le vague des airs. Cette époque arrivée, les ouvrières semblent avoir le pressentiment de la fuite qui se prépare. Loin de s'y opposer, elles multiplient les ouvertures pour faciliter la sortie des individus ailés; mais, en même temps, elles les suivent avec une sorte d'anxiété, courent d'un mâle à l'autre, leur offrent à manger, les palpent avec leurs antennes; quelques-unes même, comme la fourmi des gazons, grimpent avec eux sur les plantes environnantes et les accompagnent jusqu'à l'extrémité des herbes les plus hautes; on dirait qu'il leur en coûte de les voir partir, mais elles ont beau prodiguer les caresses, la nature a parlé, il faut lui obéir; à chaque instant mâles et femelles font irruption de tous les points du souterrain; parés de leurs habits de noces, les ailes argentées, transparentes, irisées, ils couvrent toute la surface du nid; l'effervescence, l'ivresse, le délire, agitent, mêlent, entraînent toute cette cohue; enfin, à un moment donné, par une sorte d'impulsion générale, les mâles s'élèvent dans l'air, en tournant le dos au nid, les femelles s'envolent avec eux dans la même direction.

La saison et l'heure de l'accouplement varient selon les espèces; le plus souvent c'est dans l'après-midi que ce grand événement se passe, la nuit quelquefois en est aussi témoin, mais toujours il est subordonné à l'état de l'atmosphère. Pour que le départ des mâles ait lieu, il faut que le jour soit beau et que la chaleur dépasse quinze degrés ; si cette double condition ne se rencontre pas, les ouvrières empêchent la sortie ; rien ne fait-il obstacle? elles lâchent la bride à cette troupe impatiente, rentrent seules dans l'habitation et suivent les évolutions de la gent empennée.

Les mâles, toujours en nombre plus considérable, ne sont pas tous appelés au bonheur de la paternité ; proportion gardée, peu d'entre eux y participent ; leurs amours aériens offrent des aspects variés.

Dans la plupart des espèces, la troupe ailée s'élève en tourbillonnant au-dessus de la fourmilière et tombe bientôt à terre semblable à un nuage qui crève tout à coup ; un crépitement prolongé signale sa chute.

Pendant l'ascension de la noce, il est des fourmis qui, sans motif apparent, désertent le bataillon auquel elles étaient mêlées, font une pointe en l'air et vont se joindre ensuite à une nuée d'autres fourmis voltigeant autour de la cime d'un arbre : ce cas n'est pas fréquent.

Chez quelques espèces, les mâles et les femelles, en quittant la fourmilière, forment comme une espèce d'essaim. Ils se balancent dans l'air, montent et s'abaissent tour à tour, mais lentement, et chaque fois d'une hauteur de trois ou quatre mètres, à peu de distance du sol et non loin de la fourmilière d'où ils ont pris leur essor. Les mâles, qui forment le gros de l'essaim, volent obliquement et en zigzag avec une grande rapidité. Les femelles, suspendues en l'air comme un ballon, planent, tournées contre le vent et semblent immobiles, mais ce n'est qu'une illusion d'optique, elles montent et descendent avec le reste de la troupe.

L'aile de la fourmi, bien que fortement organisée, n'est pas faite pour soutenir un long vol, encore moins pour vaincre une résistance sérieuse : le moindre zéphyr suffit pour disperser les escadrons volants, mais à peine rompus ils se reforment promptement ; parfois encore, un coup de vent surprend la noce au milieu de ses danses, l'éparpille en plusieurs bandes, la ballotte à droite, à gauche, et finit par la confondre en un seul essaim : dans ce pêle-mêle accidentel distingue alors qui le peut sa fiancée !

Chaque femelle accouplée entraîne son mâle avec elle et le transporte où bon lui semble ; ce dernier meurt immédiatement après avoir accompli sa suprême fonction. Les mâles qui n'ont pu s'unir ne vivent guère plus longtemps. La fourmilière natale leur est à jamais interdite; ils l'ont quittée volontairement, ils n'y rentreront plus; et comme ils ne sont organisés ni pour travailler, ni pour se défendre, ni pour subvenir à leurs besoins; comme ils n'ont plus de nourrices à leurs côtés pour les loger et les faire vivre, une fois hors de la cité, ils sont condamnés à errer, sans abri, sans nourriture, exposés à mille dangers; ils ne tardent pas à périr.

Swammerdam croyait que les fourmis fécondées retournaient par instinct à la mère patrie, mais les faits, mieux observés, prouvent qu'il n'en est rien. Que deviennent-elles donc? Habituées aux soins des ouvrières et, grâce à leur sollicitude, n'ayant jamais pâti de la faim ni des intempéries de l'air, auront-elles le même sort que les mâles? Nullement. Leur existence est bien autrement précieuse aux sociétés de fourmis, elles portent en germe les générations futures, c'est d'elles que dépend la prospérité des républiques. Elles ne seront pas abandonnées à elles-mêmes, ce qui équivaudrait à un arrêt de mort, puisqu'elles sont incapables de pourvoir à leur subsistance; la fourmilière qui les a vues naître est toujours prête à les accueillir avec empressement; elles ont, en outre, bien des chances de rencontrer quelque butineuse de leur espèce, il n'en faut pas davantage pour les sauver. Les ouvrières en maraude quittent tout pour les suivre;

elles s'attachent à ces jeunes mères, abandonnent leur propre fourmilière, et vont recruter d'autres compagnes qui deviennent leurs auxiliaires : de nouvelles colonies sont ainsi fondées.

Aussitôt après avoir reçu une double vie, la femelle se fait volontairement aptère. Elle tend d'abord ses ailes avec force, les amène au devant de sa tête, les croise en divers sens, et à force de les renverser d'un côté, puis de l'autre, les détache de leurs articulations ; toutes quatre tombent en même temps. Quelquefois son manége varie : elle se couche à terre, écarte brusquement ses ailes d'une façon désordonnée, fait passer ses pattes postérieures près de leurs points d'attache et les comprime avec force contre le sol ; les ailes, ainsi torturées, ne tardent pas à céder. Cette mutilation, quelque surprenante qu'elle paraisse, ne semble pas lui causer la moindre souffrance, car à peine les ailes sont-elles tombées, qu'on voit la fourmi brosser son corselet, se promener, manger, exactement comme si rien d'extraordinaire n'avait marqué son existence.

Les femelles vierges conservent leurs ailes au dedans comme au dehors de la fourmilière ; la perte de ces organes, tout accident à part, indique donc que l'accouplement a eu lieu : les vestiges des membres mutilés ne s'oblitèrent pas.

Le premier soin des femelles fécondées est de

chercher un gîte; elles courent aussitôt sur le sol, en quête d'un domicile. Il est bientôt trouvé lorsque les mariages se sont célébrés autour du berceau natal ou dans la fourmilière même; dans le premier cas, leurs anciennes compagnes y ramènent toujours un certain nombre des épousées; dans l'autre, elles les y retiennent de force, font une garde assidue autour d'elles, et pour être plus sûres qu'elles ne quitteront pas le nid, elles leur arrachent elles-mêmes les ailes: nos captives se prêtent sans difficulté à cette mutilation.

La maternité ouvre une vie nouvelle aux femelles; les ouvrières les regardent à bon droit comme l'espoir et le soutien de leur société, puisqu'elles doivent leur rendre de nouveaux citoyens en échange de ceux qu'elles ont perdus. Et d'abord tout danger leur est soigneusement évité. On leur réserve des chambres spéciales dans la partie souterraine du nid; une sentinelle se tient sans cesse à leur côté et prévient leurs besoins; juchée sur son ventre et les pattes postérieures posées à terre, elle surveille tous leurs actes et épie le moment où elles pondront pour ramasser aussitôt leurs œufs: cette garde est fréquemment relevée, de telle sorte qu'il n'y a jamais d'interruption dans la surveillance. Dès que la maternité est bien déclarée, les hommages lui sont prodigués. Un cortége de douze à quinze ouvrières ne quitte jamais les femelles élevées à cette dignité; elles n'ont nullement à se préoccuper de leur subsistance, les neutres s'en chargent; à différentes heures du jour, selon que la température est jugée la plus favorable, on les remonte dans les étages supérieurs. Quelque passage est-il difficile à franchir? des porteuses à leurs ordres les saisissent entre leurs dents; les femelles n'ont qu'à se pelotonner afin d'occuper moins de place et de ne pas gêner les mouvements de l'ouvrière. Quand celle-ci est fatiguée, elle se retourne, la femelle déroule son corps, on la voiture alors à reculons. Les porteuses se relayent; à chaque halte, la femelle est entourée de son cortége qui la flatte avec les antennes et multiplie les prévenances; lorsqu'elle daigne marcher, sa cour l'enveloppe si complétement, qu'elle ne peut s'avancer qu'à pas lents, comme il convient du reste à la dignité d'un personnage. Il n'est sorte d'attentions dont on ne l'accable; les ouvrières la sollicitent à prendre la liqueur sucrée qu'elles lui dégorgent, elles la brossent, la lèchent, la caressent. A la moindre apparence de danger, on emporte les mères à fond de cale, et si l'ennemi a pénétré dans la cité, les ouvrières, avant de songer à leur propre sûreté, volent à leur secours, les entraînent par des issues secrètes loin du champ de bataille et ne les quittent que lorsque tout péril a complétement disparu. Les femelles, on le voit, sont en possession de priviléges exceptionnels que justifie parfaitement leur importance. La fourmilière cependant n'en est pas moins une prison pour elles, mais leurs gardiennes s'emploient si bien à leur en adoucir les ennuis, qu'après avoir séjourné un certain temps dans le nid où elles ont été retenues malgré elles, nos captives prennent bravement leur parti de cette claustration et n'essayent plus de s'enfuir.

Bien que réunies en certain nombre dans la même fourmilière, les femelles font bon ménage entre elles et n'éprouvent vis-à-vis les unes des autres ni jalousie ni rivalité ; elles vivent en paix avec les ouvrières et ne troublent jamais l'harmonie si désirable dans toute société. Les bons offices dont elles sont l'objet s'étendent aussi aux autres habitants de la république ; tous les efforts, tous les dévouements sont mis en commun pour développer la prospérité générale : il ne pouvait en être autrement, sous peine de voir arriver bientôt la décadence de l'État.

En effet, en même temps que la population s'accroît par les pontes et les éclosions journalières, les travaux augmentent en proportion. Il faut des logements aux nouveaux venants, et, de plus, il les faut sur-le-champ pour des milliers d'existences qui ne peuvent encore se suffire à elles-mêmes. Immense est la tâche des ouvrières; par bonheur, la main-d'œuvre répond toujours à l'urgence des besoins. Chaque ouvrière qui arrive à la vie active naît bûcheronne, charpentière, pourvoyeuse; dès sa naissance, elle sait à fond tout ce qu'elle doit faire; son dévouement appartient à la société, il ne lui fera jamais défaut. D'autres ressources aident encore à faire face aux nécessités : la division du travail, d'une part; de l'autre, l'entente parfaite qui existe entre tous les membres de la même société, l'assistance mutuelle qu'ils se prêtent, doublent les forces de chacun; de cette manière, la besogne n'est jamais en retard.

Il est curieux de voir, au fort des travaux, quelles peines incroyables prennent les ouvrières. Toute construction, tout agrandissement de bâtisse est pour elles l'occasion d'une foule de corvées plus ou moins dures; avec quelle intelligence elles s'entr'aident alors! Deux fourmis, par exemple, sont-elles attelées à une poutre? s'agit-il de la charrier jusqu'au nid? A quiconque n'y regarde pas de près, il semble que cette association musculaire n'agit que comme une force machinale, chassant devant elle la pièce de bois; mais les choses ne se passent pas aussi simplement. En examinant leur manœuvre avec une certaine attention, on voit que la fourmi la plus rapprochée de la fourmilière tire la poutre à elle, tandis que l'autre la pousse dans le même sens. Leur entente est encore plus parfaite peut-être lorsqu'il est question de voiturer par monts et par vaux un objet d'un certain volume ; à chaque instant, l'une des ouvrières est sans cesse occupée à soulever le fardeau et à le maintenir en équilibre, tandis que l'autre l'entraîne de son côté : les problèmes les plus ardus de la statique sont audacieusement abordés et résolus. Quelle vigueur, quelle adresse ne déploient-elles pas pour franchir, ici une ornière de plusieurs centimètres, à leurs yeux sans doute profonde comme une vallée ; là une butte, une taupinière, véritables montagnes pour les pauvres insectes ! Point de difficultés au-dessus de leur courage ; plus d'une fois, dans ce trajet épineux, elles trébuchent, culbutent, roulent dans des fondrières, mais jamais elles ne lâchent prise ; elles remontent intrépidement le précipice, triomphent de tous les obstacles et parviennent enfin à leur but. Règle générale, toute entreprise commencée par les fourmis est menée à bonne fin. Qui n'a été témoin de leurs efforts persévérants quand elles escaladent un mur, ayant un éclat de pierre entre les dents ? En vain elles glissent, elles chancellent, elles tombent à plusieurs reprises, rien ne les rebute ; chaque fois elles escaladent la paroi avec une nouvelle ardeur, et si leur butin est trop lourd pour une telle ascension, elles réclament un coup de main : leurs compagnes ne les refusent jamais.

Il n'est sorte de services que les ouvrières ne se rendent réciproquement. Au dedans, répartition des œufs dans les cases, surveillance des mâles et des femelles, éducation des petits, alimentation des recluses, soins de propreté, réparation et accroissement des bâtiments, ouverture et fermeture des portes, garde et défense du nid, rien ne se fait sans un mutuel concours. Au dehors, elles butinent ensemble ou isolément, attaquent seules ou de concert, suivant leur degré de résistance, les chenilles et les autres insectes dont elles font leur proie, portent ou voiturent les maraudeuses trop fatiguées, ramènent à la fourmilière celles qui par hasard se sont égarées, et nourrissent les travailleurs absorbés par leur ouvrage. Mais quoi de plus touchant que l'affection qu'elles se témoignent quand une de leurs compagnes vient à être blessée ! L'expérience de Latreille est bien connue. Ce savant avait arraché les antennes à plusieurs fourmis. Rendues comme folles par cette mutilation, elles erraient çà et là, cherchant leur route. Quel ne fut pas l'étonnement de l'illustre naturaliste en voyant quelques ouvrières s'approcher de ses victimes, diriger leur langue sur les organes blessés, et y laisser tomber, à plusieurs reprises, une gouttelette jaunâtre, en guise de baume, pour calmer leurs douleurs! Ce n'est pas la seule preuve de l'intérêt qu'elles se portent. Un jour, le docteur Ébrard embrocha une fourmi avec une épingle. Plusieurs ouvrières, cheminant près de là, avaient passé outre. Survient une fourmi plus compatissante; elle s'approche de la suppliciée, échange avec elle un jeu d'antennes, la prend avec ses mandibules et cherche à l'entraîner. Peine inutile, l'instrument de torture tenait bon. Elle tourne alors autour de sa compagne, reconnaît la nature de l'obstacle, s'efforce par diverses secousses d'arracher l'épingle, mais en vain; la délivrance étant impossible, elle se met à caresser la tête de la pauvre infortunée et se retire. Si l'on coupe la patte à une fourmi, et si on la rejette, ainsi amputée, sur son nid, la première fourmi qui la rencontre, la palpe avec ses antennes, lèche sa plaie, la suspend à son cou et l'emporte au fond de la fourmilière, dans une des salles de l'infirmerie. Il n'en est plus de même lorsque la mutilation est plus grave; par exemple, lorsqu'on a enlevé le ventre à une fourmi et qu'on ne lui a plus laissé que la tête et le corselet, la malheureuse se met à courir comme une perdue. A son approche, les autres fourmis, saisies d'horreur, fuient épouvantées; néanmoins, à quelque temps de là, l'une d'elles reviendra sur ses pas, abordera ce tronçon vivant, le prendra avec ses mandibules et le portera, non plus à l'hôpital (une pareille blessure ne se guérit pas), mais elle le déposera quelque part, en dehors de la fourmilière : elle ne peut rien de plus pour soulager sa compagne. On a vu des fourmis témoigner un tendre intérêt à de pauvres moribonds, les suspendre à leur cou, les transporter hors du nid et les déposer dans un endroit abrité, comme si, en les séparant de la foule, elles avaient voulu adoucir l'angoisse de leurs derniers moments.

Cet attachement des membres d'une même famille les uns pour les autres, cette véritable fraternité est durable, l'égoïsme ne vient jamais l'altérer. Plus d'un fait le prouve. Huber avait pris une fourmilière des bois afin d'en peupler un de ses appareils vitrés. Il en mit en liberté une partie, qui planta sa tente au pied d'un marronnier, non loin de sa maison ; les autres fourmis restèrent prisonnières dans son cabinet. Au bout d'un certain temps, ces dernières furent transportées dans son jardin, à quelques pas de l'autre fourmilière. Plusieurs des captives parvinrent à s'évader; elles rencontrèrent et reconnurent leurs anciennes compagnes : aussitôt assaut d'étreintes et de caresses ; elles gesticulaient, se palpaient mutuellement avec leurs antennes et se prenaient par les mandibules. Les fourmis établies au bas du marronnier emmenèrent les autres dans leur nid ; elles vinrent bientôt en foule chercher d'autres fugitives, se risquèrent même à pénétrer jusque dans l'appareil vitré, et finirent pas déterminer une désertion complète à laquelle elles aidèrent par des enlèvements successifs : il y avait quatre mois que ces fourmis n'avaient eu entre elles aucune communication.

Le même expérimentateur mit, une autre fois, des fourmis fauves dans un appareil; mais sa position inclinée ne fut probablement pas de leur goût, elles allèrent se loger dans une cloche placée audessus de la table. Pour les faire revenir dans l'appareil, Huber imagina de chauffer le verre au moyen d'un flambeau. Des fourmis qui, par aventure, se trouvaient là, sensibles à cette nouvelle température, exprimèrent d'abord leur satisfaction en se brossant la tête et les antennes; bientôt elles remontèrent à l'étage supérieur et en descendirent tenant dans leur bouche plusieurs de leurs compagnes qu'elles déposèrent à l'endroit le plus chaud. Les nouvelles débarquées, après s'être chauffées pendant quelques instants, montèrent aussi dans la cloche et transportèrent à leur tour d'autres fourmis; les recruteuses se succédaient par centaines; en peu de temps il ne resta plus un seul individu dans la partie supérieure de l'appareil : les ouvrières, qui avaient goûté les premières la sensation d'une douce chaleur, n'avaient pas voulu en garder la jouissance pour elles seules.

La fourmi échancrée (*formica emarginata*), si friande de douceurs et qui en veut tant à notre sucre et à nos confitures, ne va pas en expédition avec une intention de gourmandise égoïste, c'est dans un but d'intérêt général qu'elle rapine; là est son excuse, si toutefois elle en a besoin pour prendre ce qu'elle rencontre en ce bas monde : n'y a-t-elle pas des droits aussi bien que nous? La première qui découvre une nouvelle terre promise dans l'armoire aux provisions retourne sur ses pas, fait part de l'aventure à ses compagnes, et convie la bande entière à venir faire *nopces et festins;* elle paraît jouir d'autant plus de son exploit, qu'elle a amené au pillage un plus grand nombre de copartageants.

Cette affection, cette mise en commun d'intérêts, si rares chez tous les animaux, à l'exception du peuple des fourmis, suppose nécessairement entre les membres d'une même société l'intervention d'un langage quelconque qui exprime les désirs et les besoins de chacun d'eux; sans cela comment expliquer l'association de tous les efforts, le concours de toutes les volontés vers un même but?

Le secret de la puissance des républiques de fourmis et de l'harmonie étonnante qui règne chez elles réside évidemment dans la faculté que possèdent ces insectes de se communiquer leurs idées à l'aide des antennes; cet organe est pour eux un véritable talisman, il est peut-être le foyer originel de l'intelligence dont ils font preuve.

Quand on attaque une fourmilière, les ouvrières campées au fond du souterrain laisseraient sans secours leurs compagnes de la surface exposées au danger, si les premières n'étaient promptement informées du péril qui menace: elles en sont rapidement instruites. Naturellement, la résistance commence sur la fourmilière, et, pendant que les sentinelles se défendent avec courage, quelques miliciens se précipitent au fond des galeries, font jouer leurs antennes sur les premiers individus qu'ils rencontrent, et jettent l'alarme dans les profondeurs de la cité. L'agitation se répand aussitôt de quartier en quartier ; des milliers de combattants accourent en foule, pleins de menaces et de fureur, à la défense de leur foyer : l'ennemi a trouvé à qui parler.

Si l'on inquiète les fourmis hercules à l'époque où leurs mâles et leurs femelles ailés se promènent sur le chêne où ils résident, à l'instant quelques ouvrières se détachent de la file, courent de l'un à l'autre individu, en décrivant un demi-cercle, les heurtent avec leurs antennes, leur frappent le corselet et leur inoculent ainsi leurs craintes et leur irritation. Ceux-ci, à leur tour, vont sonner le tocsin, décrivent également différentes courbes, et choquent avec leur tête toutes les ouvrières qu'ils rencontrent sur leur passage. En un clin d'œil, les signaux se répètent de tous côtés, les ouvrières parcourent vivement la surface extérieure de l'arbre; celles du dedans, averties probablement par le même procédé, sortent en masse et se joignent aux groupes tourbillonnants. Les mâles et les femelles hercules sont à peine avertis du danger, qu'ils font précipitamment retraite ; mais aucun d'eux ne gagne son gîte sans que l'ordre lui en ait été intimé ; ils n'obéissent qu'après plusieurs sommations. Les ouvrières, elles, comprennent toujours à demi-mot : ces dernières, évidemment, sont douées d'un sens intellectuel plus exquis. Le fait suivant, rapporté par Huber, vient à l'appui de cette hypothèse :

« Le pied de ma fourmilière artificielle, dit-il, plongeait dans des baquets qu'on avait soin de tenir toujours pleins d'eau ; cet expédient, inventé d'abord pour fermer le passage aux fourmis, devint pour elles une source de jouissances, car elles boivent, comme les papillons, les abeilles et d'autres insectes, pendant les chaleurs de l'été. Un jour qu'elles étaient réunies au pied de la fourmilière artificielle et occupées à lécher les gouttelettes qui filtraient entre les fibres du bois, ce qu'elles paraissaient préférer à boire dans le bassin même, je m'amusai à les inquiéter; cette petite expérience donna lieu à une scène qui me parut concluante. La plupart des fourmis remontèrent aussitôt le long du pied de la fourmilière ; il en resta cependant un petit nombre que ma présence ne parut pas avoir alarmées et qui continuèrent à boire ; mais une des premières redescendit et s'approcha d'une de ses compagnes qui semblait absorbée par le plaisir de se désaltérer. Elle la poussa avec ses mandibules, à plusieurs reprises, en baissant et relevant la tête par saccades, et réussit bientôt à la faire partir. L'officieuse fourmi s'adressa ensuite à une autre ouvrière qui buvait encore, chercha à la stimuler par derrière en frappant son abdomen, mais, voyant qu'elle ne paraissait pas la comprendre, elle s'approcha de son corselet et lui donna deux ou trois coups avec le bout de ses mâchoires : la fourmi, prévenue enfin de la nécessité de s'éloigner, remonta précipitamment sous la cloche. Une troisième, avertie de la même manière et toujours par la même fourmi, regagna promptement le logis ; mais la quatrième, qui restait seule au bord de l'eau, ne se retirait point, malgré les preuves de sollicitude dont elle était l'objet ; elle ne paraissait faire aucune attention aux secousses réitérées de la donneuse d'avis ; celle-ci la prit enfin par une de ses jambes de derrière et la tira brusquement : la fourmi, qui se désaltérait encore, se retourna en ouvrant ses larges pinces avec toutes les apparences de la colère, puis se remit tranquillement à boire ; mais sa compagne ne lui en laissa pas le temps; elle passa devant elle, la saisit par ses mandibules et l'entraîna rapidement dans la fourmilière. »

On sait que les fourmis se donnent réciproquement à manger. L'ouvrière, trop occupée pour aller chercher elle-même sa nourriture et qui éprouve le besoin de la faim, en avertit une de ses compagnes en la frappant rapidement avec ses antennes; la pourvoyeuse, à l'instant même, s'approche d'elle; toutes d'eux ouvrent leur bouche, avancent leur langue; l'une d'elles dégorge les sucs renfermés dans son estomac; l'autre, pendant cette opération, caresse sa nourrice avec ses antennes et lui brosse la tête avec ses pattes antérieures. Même manége lorsqu'une butineuse revient des champs et veut se débarrasser des liquides sucrés qu'elle a recueillis : à l'aide de ses antennes, elle prie un passant à cet impromptu ; le convive ne se le fait pas dire deux fois, l'invitation est comprise et acceptée sans façon, au moment même.

Le docteur Ébrard croit que les fourmis n'ont pas bonne vue et qu'elles se servent de leurs antennes pour se conduire, comme les aveugles de leur bâton; seulement, d'après lui, nos insectes montreraient plus d'habileté. Quelle que soit la justesse de cette observation, il est certain que les fourmis se dirigent à la fois par le sens du tact et de l'odorat, dont le siége principal gît dans les antennes; ces organes sont pour elles, comme les yeux de l'homme, une sentinelle avancée destinée à servir de moniteur. Personne n'ignore que, pour arrêter les fourmis dans leur marche, soit qu'elles cheminent isolément ou par files, il suffit de passer, à diverses reprises, le pied ou la main à travers le sentier qu'elles parcourent. Laissent-elles quelque émanation sur leur passage? ce fil conducteur invisible, une fois détruit, les déroute-t-il? nul ne le sait; toujours est-il qu'après avoir hésité pendant quelques instants sur la ligne de démarcation où la trace de leur passage a disparu, elles finissent ordinairement par franchir le Rubicon et retrouvent promptement leur piste au bord opposé. Les dérange-t-on violemment dans leur voie accoutumée? elles commencent par éprouver quelque embarras, ne savent quel parti prendre, retournent souvent en arrière en sondant le terrain avec leurs antennes; puis, inspection faite des lieux, elles reviennent sur leurs pas et poursuivent hardiment leur chemin : un point de repère dont la petitesse échappe à nos regards leur tient sans doute lieu de boussole et les remet dans la bonne direction.

C'est encore par le contact des antennes que la fourmi reconnaît si elle a affaire à un ami ou à un ennemi ; des signes particuliers, compris de tous les citoyens de la même fourmilière, ne laissent passer aucune erreur à cet égard ; on peut s'en assurer par l'expérience suivante. Enlevez des fourmis d'une fourmilière et remettez-les, après un certain laps de temps, dans leur nid. Le premier sentiment de ces émigrées rentrant au logis est une vive inquiétude ; elles veulent s'échapper, mais la fuite n'est pas facile au milieu de cette foule bruissante, qui va, vient, circule de toutes parts sur la fourmilière. Les premières ouvrières qu'elles rencontrent, à défaut de passe-port, leur demandent le mot d'ordre ; elles échangent entre elles des contacts d'antennes. C'est bien, on s'est compris, nos exilées sont du pays ; leur agitation cesse, elles pénètrent avec confiance dans le labyrinthe natal, on les y accueille comme des sœurs qu'on avait crues perdues. Faites maintenant l'expérience inverse. Introduisez dans la fourmilière des fourmis appartenant à la même espèce, mais qui font partie d'un autre nid, les choses se passeront autrement que tout à l'heure. Les mêmes préliminaires auront lieu de part et d'autre, mais l'interrogatoire au moyen des antennes, loin de rassurer les intruses, ne fera qu'accroître leur frayeur et leur empressement à s'enfuir : elles ne sont pas de la cité, haro sur l'étranger ! L'éveil est donné, on leur fait une chasse à outrance ; malheur à elles si on les attrape ! Une multitude furibonde s'accroche à leurs pattes, à leur corps, à leurs antennes et les entraîne de force dans la sombre caverne. Là, qu'en fait-on ? personne ne le saurait dire. Probablement, si elles sont de simples étrangères pour l'habitation, les droits d'une certaine parenté de race ne seront pas entièrement méconnus ; on se contentera de les houspiller en manière de correction, puis, après une détention de quelques jours, on les absoudra : elles seront incorporées dans la société et en partageront tous les travaux. Mais si, par hasard, des fourmis d'une autre tribu ont osé faire une incursion illicite dans la fourmilière, leur vie est bien compromise : une lutte acharnée s'engage ; assaillies de tous côtés par des combattants qui se renouvellent sans cesse, elles payent cher la fatale pensée qui les a jetées sur le domaine d'autrui. On leur applique le décret portant peine de mort contre tout étranger. Il est cependant quelques rares exceptions à cet *alien-bill*. Certaines fourmis, des mineuses principalement, permettent l'entrée de leur fourmilière, non pas à des fourmis autres que celles de leur propre espèce, ni à des individus de même souche dont le nid serait ailleurs, mais seulement à des êtres paisibles et tout à fait inoffensifs, à des pucerons, à des cloportes, à des perce-oreilles ; ceux-là n'ont rien à redouter de leur part, ils sont toujours assurés de leur droit de bourgeoisie, malgré la différence profonde des races.

Le manque d'hospitalité a été reproché de tout temps aux fourmis : c'est un défaut, à coup sûr, mais nul n'est parfait en ce monde; nos insectes, d'ailleurs, rachètent ce travers par plus d'une qualité sociale.

Braves par excellence, les fourmis ne le cèdent ni aux guêpes ni aux abeilles pour leur dévouement à la famille et à la patrie; au besoin, elles y sacrifient leur vie. Quiconque les inquiète dans leur domicile est aussitôt assailli par une nuée de combattantes. Les unes le pincent, le mordent, le tiraillent; les autres le poignardent à coups d'aiguillon; l'artillerie, enfin, le bombarde et l'inonde de flots d'acide formique : tel est l'acharnement qu'elles déploient dans cette lutte désespérée *pro aris et focis*, que rien n'est capable de leur faire abandonner larves, nymphes, mâles ou femelles; l'ablation même de l'abdomen n'empêche pas leur fureur de s'assouvir contre l'ennemi; réduites à n'avoir plus que la tête et le corselet, elles s'accrochent à lui par les dents et le mordent avec rage : la mort seule peut leur faire lâcher prise.

Certains naturalistes font honneur aux fourmis

d'une déférence marquée pour leurs doyens d'âge, pour leurs ouvrières qui, par un long séjour dans la fourmilière, ont acquis une expérience consommée. Sont-ce là les chefs de la république? y a-t-il des chefs? les auteurs les plus accrédités ne se sont pas prononcés sur ce point. Il semble avéré que, dans le gouvernement des fourmis, les ouvrières sont toutes sur un pied d'égalité parfaite et qu'elles exercent toutes individuellement le commandement dans la fourmilière. Il n'en est pas moins vrai, cependant, que, parmi certaines espèces, chez la fourmi hercule, par exemple, on rencontre quelquefois un individu plus gros que les autres, le corps garni de poils et marchant d'un pas plus lent que le reste des ouvrières. Celles-ci, dès qu'elles aperçoivent le grave personnage, s'approchent de lui, le caressent avec leurs antennes, lui brossent le corps et lui offrent avec empressement de la nourriture : hommage rendu, sans doute, à quelque magistrature suprême; elles n'ont pas coutume d'user de tant de cérémonies vis-à-vis des fourmis d'un volume et d'une taille ordinaires.

Les fourmis, pour qui sait les observer, peuvent tenir lieu de baromètres; certaines manœuvres, de leur part, indiquent infailliblement un changement de temps.

Si les fourmis rentrent en foule à la fourmilière

quand ses ouvertures restent libres, c'est un signe d'averse, mais de courte durée.

Les ouvertures supérieures de la fourmilière sont-elles closes, alors que les fourmis regagnent leur gîte ou sont déjà rentrées? attendez-vous prochainement à une forte pluie.

Lorsque les portes placées au sommet ou sur les côtés de la fourmilière sont fermées et que les fourmis n'en continuent pas moins de sortir par les ouvertures pratiquées au bas du nid, c'est signe qu'il pleuvra, mais seulement après cinq ou six heures.

En hiver, quand le temps s'est tout à coup radouci, les fourmis montent, parfois, en foule au sommet de la fourmilière ; dans les premiers jours du printemps, elles ont l'habitude de s'y rassembler, s'y agitent d'un mouvement continuel, marchant les unes sur les autres : dans le premier cas, c'est une simple satisfaction qu'elles se donnent; dans le second, on dirait qu'elles veulent se dégourdir et se familiariser derechef avec le soleil, qu'elles n'ont pas goûté depuis leur long sommeil; mais, dans le reste de l'année, quand on les aperçoit sur le faîte de la fourmilière, c'est signe de pluie prochaine.

Après une pluie, les fourmis fauves tiennent-elles les portes de leur nid fermées, le matin ou durant le jour? c'est signe que le mauvais temps n'a pas cessé; les voit-on, au contraire, ouvrir leurs portes après une pluie? c'est un indice que le beau temps va reparaître. Les fourmis mineuses remontent-elles, en hiver, leurs œufs près de la surface du nid, quoiqu'il gêle encore? c'est un signe que le dégel ne tardera pas. Au lieu de cela, descendent-elles leurs œufs très-avant dans leur souterrain? on peut être sûr que le froid va devenir plus intense.

Indépendamment de ces faits, il est probable que les mœurs des fourmis, bien étudiées dans chaque espèce, révéleraient d'autres signes dont on pourrait tirer d'excellents pronostics : l'instinct animal surpasse ici singulièrement les facultés de l'homme, car celui-ci n'a pas, en lui-même, d'éprouvette assez sensible pour percevoir et deviner, à coup sûr, les variations du temps; il est obligé de recourir à des instruments de précision, inventés, il est vrai, par son génie.

La durée de l'existence des fourmis n'a jamais été déterminée d'une manière précise; on croit que les ouvrières vivent plusieurs années. Frugales comme les Spartiates, elles se nourrissent de chairs mortes aussi bien que de proies vivantes; dans ce dernier cas, elles attaquent de vive force les insectes, les tuent et les rongent, mais n'en extraient que les sucs, car leurs mandibules, excellents scalpels pour disséquer, ne sauraient les aider à broyer les aliments ; elles ne font que couper : leur bouche est exclusivement façonnée pour la succion, aussi prennent-elles la plus grande partie de leurs vivres sur les fleurs, principalement sur les ombellifères. Les pucerons et les gallinsectes contribuent aussi à leur fournir des liquides sucrés ; quand la famine se fait sentir, elles mangent leurs pucerons; quelques-unes même dévorent jusqu'à leur propre descendance : l'extrême nécessité en fait autant d'Ugolins.

Dans nos climats, presque toutes les fourmis s'engourdissent dès que la température descend au-dessous de 2 degrés Réaumur ; elles s'entassent par milliers au fond de leurs nids, accrochées les unes aux autres et passent ainsi tout l'hiver sans prendre la moindre nourriture : elles ne font pas de provisions ; leurs besoins cessent comme par enchantement quand arrive la morte saison. L'hibernation n'a pas lieu dans les pays qui ne connaissent pas le froid ; les vivres aussi ne manquent jamais dans ces climats privilégiés. En France, le petit nombre d'espèces que l'hiver ne plonge pas dans un sommeil léthargique vit de pucerons ; ceux-ci traversent la saison rigoureuse enfermés dans les fourmilières, comme nos troupeaux la passent dans des étables ou des bergeries.

Les pucerons, hémiptères vivipares en été sans accouplement, ovipares avec le secours du mâle, à l'arrière-saison, jouent un rôle important dans la vie des fourmis : ils sont, pour ainsi dire, leurs vaches à lait. Partout où l'on rencontre des pucerons, on est sûr que les fourmis ne sont pas loin; presque toujours il s'en trouve un certain nombre au milieu de leurs troupes; elles circulent parmi eux, sans que leur présence les inquiète; leurs rapports réciproques sont excellents, mais, pour l'une des deux parties, cette liaison intime n'est pas tout à fait désintéressée.

La famille si nombreuse et si variée des pucerons vit de la séve des plantes, elle y puise sa nourriture à l'aide d'une trompe extrêmement fine qui s'insinue entre les fibres de l'écorce. Le travail de la digestion achevé, une partie des sucs pompés par l'animal est expulsée de son corps et se montre, sous forme de gouttelettes transparentes, soit à l'extrémité de son ventre, soit sur les deux petites cornes dont il est surmonté : ce résidu liquide et sucré est une manne providentielle, les fourmis la recherchent avec avidité; elles ne se bornent pas à la recueillir, elles savent encore en provoquer l'apparition à l'aide d'un petit manége qui sent étonnamment le courtisan. La fourmi a-t-elle jeté son dévolu sur un puceron? elle le flatte de ses antennes et caresse l'extrémité de son ventre; comment résister à de si bons procédés? le puceron fait sortir aussitôt la fine gouttelette et l'offre au bout de ses cornicules, notre butineuse en fait immédiatement son profit. Elle aborde ensuite un second puceron sur lequel elle veut prélever pareil tribut; même manége, même résultat. La fourmi passe alors à un troisième, à un quatrième et même à un cinquième puceron et les exploite tous comme les précédents, puis elle les quitte et va en aduler d'autres auxquels elle demandera même salaire, sans être jamais refusée : chaque puceron paye comptant et en nature les caresses et les titillations qu'il reçoit. Après tout, quoi de plus légitime que ce commerce volontairement consenti de part et d'autre? le liquide sucré ne coûte rien au puceron ; le débit qui s'en fait a si peu le caractère d'une contribution forcée, que si les fourmis négligent trop longtemps de visiter messieurs les pucerons, ceux-ci lancent, par une sorte de ruade, leur manne sur les feuilles; elle ne sera pas perdue pour cela, la première butineuse passant de ce côté en fera son affaire. Mais la meilleure vache, dit le proverbe, n'est pas intarissable. Il arrive parfois qu'à force d'avoir été traits par leurs visiteuses, les pucerons se trouvent à sec ; la fourmi aurait beau faire jouer toutes ses batteries, la source merveilleuse est momentanément épuisée, il faut attendre que le déficit soit comblé. Au bout de quelque temps, la gouttelette reparaît ; le puceron ne s'en montre pas avare, le même individu la prodigue souvent, coup sur coup, sans mettre presque d'intervalle entre ses largesses.

La fourmi brune, la fauve, la noire cendrée la fuligineuse et bien d'autres encore sont très-amateurs de ce genre de nourriture; toutes sont ingénieuses à se la procurer. L'habileté, ici, consiste évidemment à faire couler le plus souvent possible la magique fontaine; mais, de toutes les fourmis, celle qui semble la priser avec le plus de sensualité, c'est la fourmi rouge. Non-seulement elle saisit la bienheureuse gouttelette avec une dextérité surprenante, mais elle se sert de ses antennes pour la porter à sa bouche, l'enfonce avec l'extrémité renflée de cet organe, et l'y fait entrer en la pressant alternativement avec chacune de ses branches qui fonctionnent comme des doigts.

La plupart des fourmis vont trouver les pucerons sur les plantes mêmes où ils ont l'habitude de se fixer. Leur goût pour ces insectes est si prononcé, qu'elles les recherchent sur le tronc et jusque sur les branches les plus hautes des arbres où ils ont élu domicile : dans ce cas, elles en profitent sans les déplacer. Tel n'est pas le mode de faire de quelques mineuses : elles entretiennent des pucerons à domicile dans leurs fourmilières et en font, sinon leur unique, du moins leur principal moyen de subsistance ; de ce nombre sont : la fourmi brune, la fourmi des gazons et la fourmi jaune. Cette dernière mérite une mention particulière. Très-répandue dans nos prairies et nos vergers, elle vit sous terre, ne hante aucun arbre, ne fait aucune chasse aux insectes et sort très-rarement de son antre. Cependant, elle ne se passe pas d'aliments; les pucerons qui vivent sur les racines des plantes sont tenus en chartre privée au fond de son trou pour ses besoins personnels ; elle a ainsi, sans quitter sa tanière, tout ce qu'il lui faut pour subsister, bon souper et bon gîte, et repas toujours servis à point.

L'association tacite des fourmis jaunes avec les pucerons est un modèle d'harmonie ; ces derniers sont fêtés, choyés, caressés, exactement comme s'ils étaient de la famille. Ils se laissent transporter d'un point à un autre, sans résistance, et ne cherchent pas à s'échapper ; pour les faire changer de place, il suffit qu'on les chatouille avec les antennes ; ils retirent alors leur trompe engagée dans l'épiderme des racines : dame fourmi n'a plus ensuite qu'à les prendre entre ses mandibules ; ils se fixent, sans contrainte, là où on les dépose, et s'y tiennent dans une immobilité presque absolue, la tête en bas et l'extrémité postérieure du corps en l'air, entièrement à la dévotion de leur partenaire : l'homme, en vérité, n'a pas de bétail qui lui soit plus complètement soumis : « Une fourmilière, dit Huber, est plus ou moins riche, selon qu'elle a plus ou moins de pucerons, ce sont ses vaches et ses chèvres : on n'eût pas deviné que les fourmis fussent des peuples pasteurs. »

L'affection qui unit les fourmis aux pucerons a toute l'énergie qui naît de l'intérêt réel et immédiat. Vient-on à troubler le nid des fourmis? à l'instant, les unes entraînent leurs pucerons au fond du souterrain pour les soustraire au danger, tandis que d'autres repoussent l'ennemi; suivant l'état de la température, elles les tiennent dans des cellules profondes ou voisines de la surface, rassemblent et gardent leurs œufs avec le plus grand soin, les lèchent constamment et les enduisent d'une espèce de gluten; en un mot, elles les traitent avec la même sollicitude que s'il s'agissait de leur propre postérité.

Plusieurs espèces, pour s'assurer la possession de leurs pucerons, font preuve d'une singulière industrie. Sur le premier rameau de la plante qu'habite une famille de ces insectes, elles bâtissent une espèce de dunette; des sentinelles s'y tiennent constamment pour surveiller les alentours de la place; pendant que les unes font le guet, les autres jouissent paisiblement de leur intimité avec les pucerons. La fourmi brune ne se contente pas d'une seule maisonnette, elle construit autour de chaque ramuscule de la plante où les pucerons se sont fixés une série de cases allongées où elles viennent puiser, à l'aise et sans trouble, la liqueur favorite. D'autres espèces casernées dans le creux d'un arbre se rendent auprès des pucerons par un boyau couvert, au moyen de galeries qu'elles établissent et conduisent jusqu'aux branches où résident leurs troupeaux. On en a vu, enfin, qui, après avoir relancé les pucerons de rameau en rameau, les suivirent jusque sous les feuilles radicales d'un plantain où ceux-ci s'étaient retirés après la dessiccation de la tige extérieure, et, là, s'enfermèrent avec eux en maçonnant avec de la terre les vides existant entre le sol et la marge des feuilles; elles creusèrent ensuite le terrain sous-jacent pour approcher plus commodément de leur bétail; elles s'étaient, en outre, ménagées des galeries souterraines qui communiquaient de l'étable à leur propre habitation.

On n'en saurait douter, les pucerons rendent des services signalés aux fourmis, surtout à celles qui font métier de mineuses. Pendant la belle saison, ces dernières trouvent sur eux d'amples provisions de bouche, car quelques gouttelettes d'un puceron suffisent pour satisfaire l'appétit d'une fourmi. L'hiver, les pucerons offrent une ressource plus précieuse encore aux espèces qui ne s'engourdissent pas. Ils ne s'endorment pas, comme on l'a prétendu, pour se réveiller ensuite charitablement en même temps que les fourmis. Dès les premiers froids un peu rigoureux, les pucerons exposés à l'air libre succombent ; leurs œufs seuls survivent pour continuer l'espèce. Ceux qui sont renfermés dans les fourmilières perdent connaissance et sont privés de tout mouvement aussitôt que le froid devient intense, ils appendent glacés au fond des cases. Dans cet état léthargique, privés eux-mêmes de nourriture, ils ne sauraient en dispenser à leurs hôtesses autrement que par leur propre chair : c'est aussi ce qui a lieu. Quand toute végétation est paralysée par le froid, lorsque la vie des plantes pérennes est en quelque sorte suspendue, les fourmis mineuses, aux abois, consomment leur bétail ; qui oserait les en blâmer ? N'en faisons-nous pas autant à l'égard de nos vieux serviteurs, de nos animaux domestiques, qui ont si longtemps travaillé et peiné pour nous ? Hélas ! nécessité d'estomac étouffe tout sentiment du cœur.

Les fourmis, toujours très-jalouses de leur possession, ne souffrent pas que des étrangers s'avisent de leur disputer leur nourriture de prédilection, elles les chassent à coups de mandibules. Ordinairement, elles montent la garde autour de leurs pucerons et n'attendent pas l'arrivée des maraudeurs ;

pour peu qu'elles aient d'inquiétude sur le compte de leurs pères nourriciers, elles les emportent entre leurs dents et vont les déposer en lieu sûr. Néanmoins, elles ne sont pas tellement prémunies contre une surprise ou un coup de main, qu'on ne les leur dérobe de temps à autre : deux fourmilières, parfois, cherchent réciproquement à s'enlever leurs richesses ; on en vient alors aux coups. Souvent ce n'est qu'un combat partiel, qu'une affaire d'avant-garde ; mais, quelquefois aussi, ces enlèvements à main armée dégénèrent en véritables batailles auxquelles prend part le gros de la république.

La possession d'une famille de pucerons n'est pas la seule cause des combats que se livrent certaines espèces de fourmis. Un autre intérêt qui prend sa source dans le désir de savourer, sans rien faire, les douceurs de l'existence, et la volonté fixe de se procurer des serviteurs qu'on chargera de tous les travaux intérieurs et extérieurs, jette fréquemment une fourmilière sur une autre fourmilière ; la guerre alors est déclarée, elle éclate sur toute la ligne. Les deux camps se battent avec fureur, celui-ci pour la défense de la famille et de la terre natale, celui-là pour faire des prisonniers et satisfaire des désirs ardemment poursuivis ; l'une et l'autre armée, dans ce cas, font usage de leurs armes les plus meurtrières, de dards, de mandibules, d'acide formique ; leur acharnement est si grand, qu'on voit souvent une multitude de champions mordre la poussière : l'affaiblissement des uns toujours, et parfois aussi la ruine des deux États, sont la conséquence ordinaire de ces grandes querelles : la provocation part toujours des sociétés mixtes de fourmis.

On donne ce nom à toute fourmilière qui, indépendamment de ses habitants naturels, se compose encore d'une ou de deux espèces étrangères, enlevées dans le premier âge à leurs sociétés natales, et incorporées à celles de leurs ravisseurs, pour devenir, à l'état d'insectes parfaits, leurs serviteurs et leurs auxiliaires.

L'origine des sociétés mixtes est encore un problème. Elles commencent évidemment, comme les autres fourmilières normales, par n'être composées que de mâles, de femelles et de neutres d'une seule et même espèce. Ainsi formées, elles doivent bâtir elles-mêmes leurs édifices, élever leurs petits et pourvoir à leur propre subsistance; les auxiliaires qu'on remarque dans leurs nids ne sont que le fruit de la rapine et nullement le résultat d'une constitution primordiale ; elles peuvent donc, à un certain temps, se passer d'aides. Et comment en serait-il autrement ? Avant qu'ils soient assez en force pour devenir exclusivement un peuple de soldats, avant de conquérir des serviteurs qui les dispensent de tout travail autre que celui de la guerre, il faut nécessairement que les neutres de ces sociétés mixtes fassent d'abord comme ouvrières les travaux que, plus tard, ils feront exécuter par des étrangers; donc, ce n'est qu'après un certain accroissement de la république que leur instinct primitif se dénature et devient paresseux et pillard. Quant à la conservation des sociétés mixtes, elle a lieu de la même manière que chez les autres fourmilières : quelques femelles fécondées demeurent au logis et continuent la race originelle.

Dans les sociétés mixtes, toujours plus riches en citoyens que les fourmilières simples, l'espèce importée dépasse en nombre la population première qui se l'est annexée. Il n'est sorte d'attentions et de soins qu'elle ne lui rende. Non-seulement tous les habitants du nid vivent entre eux en parfaite intelligence, mais les maîtres de céans sont léchés, brossés, caressés, nourris et portés par leurs serviteurs; ceux-ci élèvent leurs petits, soignent leurs mâles et leurs femelles, vont aux provisions, construisent, réparent, agrandissent le domicile et creusent les galeries. A peine les étages sont-ils montés, avant même qu'ils soient achevés, ils y transportent leurs hôtes : on dirait qu'ils n'ont rien de plus pressé que de les faire jouir de leurs propres travaux. La fourmilière mixte où ils vivent ensemble, sans se douter qu'ils appartiennent à deux races ennemies, vient-elle à être bouleversée? les maîtres ne s'y reconnaissent-ils plus? ils font jouer leurs antennes sur la tête de leurs aides; à l'instant, ces derniers comprennent qu'on a besoin de leur intervention, ils prennent leurs pachas entre leurs mandibules et vont les porter dans l'intérieur de la fourmilière qu'ils connaissent à fond, en leur qualité de majordomes et de ménagères de la maison. Eux-mêmes ne se retrouvent-ils plus à travers ce désordre accidentel? ils déposent sur un point du nid les maîtres qu'ils portent, s'en vont à la découverte des lieux, et, quand ils ont retrouvé le fil du labyrinthe, courent reprendre leur fardeau à l'endroit où ils l'ont déposé et l'introduisent dans le souterrain. En cas d'embarras qui obstrue la voie, les auxiliaires mettent leurs maîtres à terre, écartent l'obstacle, puis rejoignent les individus qu'ils se sont chargés d'accompagner dans la cité et qui dans l'intérieur de l'habitation demeurent sous leur dépendance absolue : les deux départements de l'intérieur et de l'extérieur sont ici nettement tracés.

Deux espèces, en France, constituent les tribus guerrières chez lesquelles on observe des sociétés mixtes, ce sont la fourmi roussâtre (*polyergus rufescens*) et la fourmi sanguine (*formica sanguinea*).

Leurs ouvrières, seules, ont l'instinct de la guerre; leurs femelles et leurs mâles, destinés uniquement à la propagation de l'espèce comme chez les autres fourmis, suivent la règle commune et ne prennent aucune part aux combats.

Une organisation particulière et des mœurs bien tranchées différencient l'une et l'autre espèce; toutes deux s'attaquent exclusivement aux fourmilières des noires cendrées et des mineuses.

Les roussâtres ont les mandibules longues, étroites, arquées, sans dentelures, c'est-à-dire façonnées en croc, plutôt qu'en machine de transport ou en instrument de travail. En effet, ces fourmis, purement guerrières, ne construisent pas, n'élèvent pas leurs petits et ne se nourrissent pas elles-mêmes; elles ne respirent que les combats.

Autres sont les sanguines; leur organisation, en tout semblable à celle des autres fourmis travailleuses, les rapproche beaucoup de ces dernières pour les habitudes. Comme elles, elles s'occupent personnellement de tous les travaux nécessaires au maintien de leurs sociétés; elles ne font pas, à l'exemple des roussâtres, de ces razzias générales, de ces invasions à fond qui dépeuplent toute une fourmilière; comparativement à cette tribu féroce, ce sont d'honnêtes voleuses: elles se bornent à enlever un petit nombre d'aides pour leur faire partager leurs travaux et prendre soin de leur progéniture quand elles s'absenteront du nid : elles ne rapinent pas par goût, mais seulement par circonstance et dans les cas extrêmes : les roussâtres, au contraire, n'écoutent que leur passion pour le vol, ce sont des pirates de profession.

Huber a tracé de main de maître leurs combats.

« Le 17 juin 1804, dit-il, en me promenant aux environs de Genève, entre quatre et cinq heures de l'après-midi, je vis à mes pieds une légion de grosses fourmis rousses ou roussâtres qui traversaient le chemin. Elles marchaient en corps avec rapidité; leur troupe occupait un espace de huit à dix pieds de longueur sur trois ou quatre pouces de large; en peu de minutes, elles eurent entièrement évacué le chemin; elles pénétrèrent au travers d'une haie fort épaisse et se rendirent dans une prairie où je les suivis; elles serpentaient sur le gazon sans s'égarer, et leur colonne restait toujours continue, malgré les obstacles qu'elles avaient à surmonter.

« Bientôt, elles arrivèrent près d'un nid de fourmis noires cendrées dont le dôme s'élevait dans l'herbe, à vingt pas de la haie. Quelques fourmis de cette espèce se trouvaient à la porte de leur habitation. Dès qu'elles découvrirent l'armée qui s'approchait, elles s'élancèrent sur celles qui se trouvaient à la tête de la cohorte ; l'alarme se répandit au même instant dans l'intérieur du nid, et leurs compagnes sortirent en foule de tous les souterrains. Les fourmis roussâtres, dont le gros de l'armée n'était qu'à deux pas, se hâtaient d'arriver au pied de la fourmilière ; toute la troupe s'y précipita à la fois et culbuta les noires cendrées qui, après un combat très-court, mais très-vif, se retirèrent au fond de leur habitation. Les fourmis roussâtres gravirent les flancs du monticule, s'attroupèrent sur le sommet et s'introduisirent en grand nombre dans les premières avenues ; d'autres groupes de ces insectes travaillaient avec leurs dents à se pratiquer une ouverture dans la partie latérale de la fourmilière : cette entreprise leur réussit, et le reste de l'armée pénétra, par la brèche, dans la cité assiégée. Elle n'y fit pas un long séjour ; trois ou quatre minutes après, les fourmis roussâtres ressortirent à la hâte par les mêmes issues, tenant chacune à leur bouche une larve ou une nymphe de la fourmilière envahie. Elles reprirent exactement la route par laquelle elles étaient venues, et se mirent sans ordre à la suite les unes des autres : leur troupe se distinguait aisément dans le gazon par l'aspect qu'offrait cette multitude de coques et de nymphes blanches portées par autant de fourmis rousses. Celles-ci traversèrent une seconde fois la haie et le chemin dans le même endroit où elles avaient passé d'abord, et se dirigèrent ensuite dans des blés en pleine maturité où j'eus le regret de ne pouvoir les suivre.

« Je retournai vers la fourmilière qui avait souffert cet assaut, et j'y trouvai un petit nombre d'ouvrières noires cendrées perchées sur des brins d'herbe, tenant à leur bouche quelques larves qu'elles avaient sauvées du pillage; elles ne tardèrent pas à les rapporter dans leur habitation. »

Les fourmis roussâtres en train de piller ne se contentent pas d'une expédition par jour, elles retournent une seconde et même une troisième fois à l'attaque, et chaque fois qu'elles reviennent à leur fourmilière chargées de butin, leurs serviteurs les accueillent avec empressement, les flattent avec leurs antennes, leur donnent à manger et les débarrassent de leurs prisonniers qu'ils conduisent dans l'intérieur du nid. Mais si la chance des combats n'a pas été favorable, si les fourmis roussâtres n'ont rien rapporté de leurs courses, leurs auxiliaires ne déguisent pas leur désappointement, ils les tiraillent, les chassent et ne leur permettent l'entrée de la fourmilière qu'au bout de quelques instants : la brouille, du reste, n'est jamais bien longue; une fois le premier bouillon de colère jeté, ils reviennent à leur allure accoutumée et continuent de vivre en bonne harmonie avec leurs seigneurs et maîtres.

Les tribus belliqueuses n'enlèvent jamais que des larves et des nymphes d'ouvrières dans les fourmilières qu'elles envahissent, elles n'ont que faire des autres sexes impropres à tout travail et qui ne seraient qu'une charge de plus pour leur nid. Elles négligent également les individus adultes, non-seulement à cause de la résistance que ceux-ci pourraient opposer, mais parce qu'elles savent d'instinct qu'elles ne vivraient pas en paix avec des prisonniers dans la force de l'âge. De jeunes captives, au contraire, tirées de leur mère patrie dès la première enfance, avant d'avoir la conscience d'elles-mêmes et d'avoir pu connaître aucune de leurs concitoyennes, élevées, en outre, par des congénères familiarisées avec la nouvelle patrie où elles ont subi leurs métamorphoses, s'habitueront facilement, malgré la différence d'espèces, à leurs ravisseurs, et vivront avec eux sous le même toit, comme s'il n'abritait qu'une seule et même famille : dans cette transplantation forcée qui ne connaît ni oppression ni servitude, leur instinct se développe sous l'empire de circonstances toutes spéciales, aussi leur affection ne distingue-t-elle les roussâtres que pour leur témoigner plus de dévouement.

Les roussâtres commencent leurs expéditions à la

fin de juin, vers les quatre ou cinq heures de l'après-midi, et avancent le moment de leur départ en raison de la diminution graduelle que subissent les jours dans les mois de juillet et d'août ; elles ne sortent que lorsque la température dépasse seize degrés Réaumur et qu'il ne pleut pas.

Des signes précurseurs annoncent ordinairement qu'elles vont se mettre en campagne. D'après les observations du docteur Ébrard, elles se préparent au combat en se léchant les pattes, en se brossant les antennes et les mandibules ; elles vont et viennent, sortent et rentrent, courent de l'une à l'autre, et frappent de leurs antennes et de leur tête le corselet de leurs compagnes. La foule augmente, l'agitation s'accroît, les cœurs des guerriers s'enflamment; enfin le signal du départ est donné, la fourmilière regorge de combattants, ils se lancent en avant, ardents à la marche, chacun s'efforçant de dépasser celui qui le précède. Dans leur irruption hors du nid, les roussâtres ont toute l'impétuosité d'un torrent, elles se répandent d'abord de tous côtés, mais bientôt la colonne s'organise ; huit ou dix guerriers se rangent de front; des sergents de file s'échelonnent sur les flancs; la troupe, dès le moment du départ, sait où elle doit tendre, des éclaireurs sont allés reconnaître la fourmilière à attaquer. L'armée entière s'ébranle sur une longue file, une avant-garde la précède, elle part à la course, en ligne droite et sans tâtonner. Aucun chef ne commande le corps expéditionnaire. La tête se renouvelle à chaque instant; les fourmis qui se trouvent en avant n'y restent que quelques instants; bientôt elles obliquent, décrivent une courbe sur les côtés, puis vont se ranger dans le corps de l'armée ou bien à l'arrière-garde : par ce mouvement de conversion qui les ramène incessamment les unes vers les autres, toutes sont instruites, à chaque instant, de ce qui se passe : s'il en était autrement, les premières bandes, souvent en avance d'un quart d'heure de marche sur le gros de la troupe, risqueraient de donner seules contre la fourmilière qu'on se dispose à envahir, elles pourraient essuyer un échec, sans être secourues à temps; dans tous les cas, l'éveil serait donné, et le succès de l'attaque deviendrait plus difficile ou même serait compromis.

Les roussâtres, par leurs espions et par leurs auxiliaires, connaissent la plupart des fourmilières aux environs de leur nid : aussi varient-elles chaque jour leurs expéditions; les plus lointaines ne durent guère plus d'une heure. Rarement, elles se partagent en deux corps et marchent de deux côtés différents; la bande la plus faible ne tarde pas à s'apercevoir qu'elle n'est pas en force, elle retourne sur ses pas et vient grossir l'armée principale. Les deux troupes, par hasard, sont-elles également fortes et capables de se mesurer avec ceux qu'elles veulent attaquer? elles s'en vont piller chacune de leur côté.

Pendant qu'elle est en marche, l'armée expéditionnaire fait généralement une ou plusieurs haltes; chemin faisant, elle néglige toutes les fourmilières qui n'appartiennent pas aux mineuses ou aux noires cendrées; arrivée près de l'endroit où elle soupçonne l'existence de leurs nids, elle explore le sol à l'aide de ses antennes, comme le ferait le chien qui interroge une piste; parvenue enfin sous les murs de la place, la colonne s'arrête une dernière fois et se concentre pour rendre l'attaque plus irrésistible.

Rien ne saurait exprimer l'impétuosité avec laquelle les roussâtres fondent sur une fourmilière, on ne peut la comparer qu'à la furie de nos légions françaises montant à l'assaut : c'est là le secret de leur force. En un instant, la place est escaladée, envahie, prise, pillée; par toutes les portes, par toutes les brèches, les colonnes victorieuses reparaissent emportant larves et nymphes en guise de trophées, la déroute des noires cendrées est complète, elles fuient sur tous les points, se sauvent avec leurs mâles et leurs femelles, entraînant avec elles, hors de la fourmilière, tout ce qu'elles ont pu sauver de leur progéniture.

Quand le pillage n'a pas été total, les roussâtres, à peine de retour dans leur fourmilière, y déposent leur butin enlevé aussitôt par les auxiliaires, et retournent au combat : on les a vues tomber à trois reprises consécutives sur la même fourmilière et presque toujours avec un égal succès. Parfois, cependant, les noires cendrées, averties par le malheur des premières invasions, se hâtent de barricader leur demeure après le départ de la horde envahissante ; elles amoncellent autour des ouvertures tout ce qui se trouve à leur portée, terre, poutres, madriers, matériaux de toute espèce ; des sentinelles sont posées à toutes les portes ; elles-mêmes se tiennent prêtes à repousser, en nombre, un nouvel assaut. Cette fois, du moins, elles ne seront pas surprises ; l'invasion projetée est conjurée, mais le danger subsiste toujours : les roussâtres, dans leur appétit de conquêtes, sont insatiables ; en attendant l'occasion de retourner au pillage, elles vont se reposer tranquillement au fond de leur souterrain, sans plus de soucis que si elles n'avaient jamais fait acte de brigandage.

Les roussâtres n'ont d'autre occupation que la guerre ; les noires cendrées, au contraire, sont extrêmement pacifiques, partant timides ; elles se défendent tant bien que mal. Leur résistance, en face d'un ennemi audacieux, intrépide, n'est jamais ni bien longue ni bien terrible, c'est pourquoi leur ville finit toujours par être envahie et pillée. Il n'en est pas de même des fourmis mineuses; ce n'est pas sans tenir vigoureusement tête à l'ennemi qu'elles succombent, et si elles payent cher leur résistance, elles ont du moins en mourant la consolation de s'être battues à outrance, et d'avoir fait tomber plus d'un ennemi sous leurs coups.

Les fourmis roussâtres, en attaquant les mineuses, savent fort bien qu'elles ont affaire à une peuplade qui se défendra vaillamment; leur tactique se règle sur la résistance qu'elles doivent éprouver. Leurs colonnes s'avancent plus serrées que lorsqu'il s'agit de noires cendrées, elles marchent alors avec une rapidité étonnante. Autant que possible, elles procèdent par surprise et s'élancent avec impétuosité sur ces nouveaux adversaires. Les mineuses ne les sentent pas plutôt chez elles, qu'elles montent en foule sur leur fourmilière et se jettent avec fureur sur les assaillants. On se bat corps à corps; roussâtres et mineuses se mêlent, s'attaquent avec fureur et, dans leur rage, confondent souvent amis et ennemis. Un instant les chances du combat paraissent douteuses; déjà les mineuses ont repoussé une portion des envahisseurs et leur ont repris leurs nymphes; mais après une résistance héroïque, la garde qui défend les portes de la cité est enfoncée; les roussâtres s'emparent d'une galerie, s'introduisent dans la place, la mettent à sac, et n'épargnent que les larves et les nymphes dont elles s'emparent. Une scène toute de contraste se passe alors sur le champ de bataille jonché de têtes, de pattes, de membres épars, de cadavres et de blessés. Tandis que la fourmilière pillée offre tout le désordre d'une ville prise d'assaut, qu'une partie des vaincus s'enfuit loin de la cité en ruine, emportant çà et là ce qu'ils ont pu sauver de larves, de nymphes, de mâles et de femelles; les vainqueurs, eux, chargés de butin, sortent du souterrain. Toute résistance sérieuse a cessé, ils ne songent plus qu'à rentrer chez eux, mais les débris de l'armée des mineuses leur disputent encore leur proie. Leur courage tient du désespoir, ils tentent un dernier effort, poursuivent l'ennemi, s'accrochent aux pattes, aux antennes de leurs adversaires, les mordent, les tiraillent, et, tout mutilés eux-mêmes, cherchent à leur arracher les coques de leurs nymphes. Ces attaques répétées retardent sensiblement le retour de l'armée triomphante, mais celle-ci n'en poursuit pas moins sa retraite en bon ordre; elle marche en colonne serrée, repousse sans peine les dernières tentatives d'un courage malheureux et regagne enfin ses foyers : les auxiliaires l'y reçoivent avec empressement.

La paix dans l'intérieur des fourmilières mixtes de roussâtres et de mineuses n'est pas plus troublée qu'elle ne l'est dans les nids où la tribu belliqueuse vit avec ses auxiliaires les noires cendrées. Les larves et les nymphes de mineuses, une fois parvenues à l'état adulte dans leur seconde patrie, sortent en foule du matin au soir pour butiner, et partagent leurs vivres avec leurs rudes possesseurs. Ainsi que les autres auxiliaires, elles s'occupent de tous les soins du ménage, bâtissent comme elles, surveillent les mâles et les femelles, alimentent les petits, portent et nourrissent les neutres roussâtres, en un mot elles s'acquittent de toutes les fonctions des noires cendrées, sont aussi bonnes ouvrières qu'elles et ne s'en distinguent que par plus de vivacité, plus de courage, et plus d'empressement à défendre le nid adoptif.

Les faits se passent à peu près de même dans les fourmilières mixtes de sanguines.

Cette espèce, facile à reconnaître à son ventre noir cendré, légèrement bronzé, et à ses pattes d'un rouge de sang, établit ordinairement son nid le long des haies, à l'exposition du midi ; c'est un composé de terre, de débris de feuilles et de brins d'herbe liés ensemble par un solide mortier.

Les sanguines se tiennent sur leurs fourmilières plus souvent que les autres fourmis maçonnes, elles prennent part aux travaux de leurs auxiliaires, sortent volontiers par la pluie et profitent des averses pour bâtir et agrandir leur demeure. Cependant, malgré leur aptitude au travail et leur extrême activité, elles ne peuvent se passer d'aides ; la chasse assidue à laquelle elles se livrent aux dépens des petites fourmis et la cour qu'elles font aux pucerons les tiennent presque constamment hors du logis ; leurs petits auraient fort à pâtir de leur absence, s'ils n'étaient soignés par de bons serviteurs. Le besoin seul les force de piller, mais elles usent avec discrétion de leur instinct belliqueux et se contentent toujours d'un nombre de prisonniers bien inférieur à celui que se permettent les roussâtres : tout au plus attaquent-elles cinq ou six fourmilières dans le courant de chaque été.

Leur manière de combattre diffère complétement de la tactique des roussâtres. Elles ne partent jamais du nid en grandes colonnes, elles marchent par petits détachements. Arrivée en face d'un nid de noires cendrées, leur troupe ne se lance pas à l'assaut, comme le font les roussâtres : elle agit avec circonspection et se disperse d'abord autour de la fourmilière ennemie. De légères escarmouches s'engagent ; tandis que quelques champions luttent de part et d'autre, les sanguines envoient des courriers à leur camp ; pendant ce temps, elles gardent leurs positions et tiennent en échec les noires cendrées. L'arrivée des messagers fait partir un nouveau détachement qui rejoint bientôt la première troupe. La petite armée fait alors un pas en avant, mais jusqu'ici, point d'engagements sérieux ; à part quelques combats partiels dans lesquels les assiégés prennent toujours l'initiative, on ne fait guère que s'observer ; les sanguines comprennent qu'elles ne sont pas en nombre suffisant pour forcer l'entrée de la fourmilière, elles dépêchent de nouveaux courriers : cette fois, des renforts plus considérables arrivent, le blocus se resserre, on se rapproche de plus en plus de la fourmilière qu'on va bientôt attaquer sérieusement.

Déjà, dans leur prudence, les noires cendrées, en prévision d'une chance contraire, ont apporté leurs larves et leurs nymphes en dehors du nid et les ont mises en tas, du côté opposé à celui qu'occupe l'armée des sanguines, afin de pouvoir les soustraire plus facilement aux ravisseurs ; les femelles, pendant ce temps, s'enfuient ; la bataille est imminente, elle s'engage. Les sanguines, en force, se jettent sur la fourmilière ; les noires cendrées, après avoir résisté aussi bien que possible pour des insectes pacifiques, lâchent pied, courent à leurs petits amoncelés auprès du nid et les emportent loin du champ de bataille. Aussitôt les sanguines pénètrent dans la fourmilière, s'emparent de toutes les avenues et s'établissent dans la cité conquise. L'affaire est terminée, le pillage est à l'ordre du jour, on y procède régulièrement. La troupe victorieuse vide toutes les cases de larves et de nymphes; un va-et-vient de pillards, les uns chargés de butin, les autres courant après leur proie, s'établit, de la fourmilière des sanguines à la fourmilière des noires cendrées, il ne cesse que lorsque cette dernière a été entièrement dépouillée de toute sa jeune génération.

Les fourmis sanguines, dans leurs expéditions guerrières, suivent une même route, ce qui fait qu'au moindre signal, elles savent toutes où il faut se porter; grâces aux courriers qui se succèdent sans interruption pendant l'engagement, les renforts ne se font jamais attendre, ils déterminent toujours le succès en jetant sans cesse des troupes fraîches contre les bataillons affaiblis des assiégés.

Toutes les nymphes, transbordées de l'établissement ruiné dans la société mixte, deviennent fourmis adultes dans le courant du mois d'août. Ce n'est pas seulement sur les petits des noires cendrées que les sanguines font un emprunt forcé d'auxiliaires, elles prélèvent un semblable tribut sur les mineuses, et, singularité dont la cause n'est point encore connue, leurs fourmilières mixtes renferment souvent trois espèces de fourmis à la fois, des sanguines et des auxiliaires noires cendrées et mineuses: toutes vivent entre elles en bonne intelligence et conservent leur instinct et leur allure particulière, malgré leur éducation commune dans la même société mixte.

Il n'est pas rare de voir les sanguines, après s'être emparées d'une fourmilière, s'installer au lieu et place des insectes qu'elles en ont chassés. Quand ce caprice leur traverse le cerveau, elles l'ont bien vite satisfait : larves, nymphes, mâles, femelles, auxiliaires sont installés en peu de jours dans le nouveau gîte; les sanguines en font leur demeure et partent de là pour de nouvelles déprédations. Quel que soit du reste leur domicile, elles l'occupent rarement au delà d'une année.

Les sanguines ne sont pas les seules, parmi les fourmis, qui désertent leur berceau, plusieurs espèces l'abandonnent également par divers motifs. Lorsqu'une fourmilière est très-vieille, que la végétation environnante, l'ombrageant fortement, l'a rendue moins saine, vient un moment où ses habitants la quittent tout à coup pour aller s'établir autre part. Les fourmis prennent également gîte ailleurs quand leur nid a été maintes fois bouleversé par les passants ou que les sociétés mixtes de leur voisinage leur ont enlevé, à diverses reprises, leur postérité ; dans cette succession d'infortunes, lasses de réparer sans cesse des ruines toujours nouvelles, elles émigrent et vont jeter les fondements d'une nouvelle patrie dans quelque lieu moins exposé.

L'émigration des fourmis ne doit pas être confondue avec l'essaimage des abeilles. Chez celles-ci, c'est une simple colonie qui, trop à l'étroit dans la ruche, ou pour tout autre motif inconnu, se sépare de la mère patrie et va tenter fortune sur d'autres rivages, sous la conduite d'une mère ; la métropole n'en subsiste pas moins, malgré le départ d'une portion de sa population. Chez celles-là, la peuplade entière dit un éternel adieu à ses pénates et va s'établir dans une autre cité. Pendant quelques jours, les relations continuent entre les fourmis qui se sont déjà expatriées et celles qui n'ont pas encore quitté le toit natal ; un chemin battu, pratiqué par certaines espèces, comme la fourmi fauve, mène ordinairement de l'un à l'autre gîte, jusqu'à ce que le premier soit tout à fait délaissé : l'émigration est alors consommée.

L'habile naturaliste Bonnet, avec son esprit observateur, n'avait pas manqué de remarquer que certaines fourmis en train d'émigrer se portaient les unes les autres ; mais dans quel but dérogeaientelles ainsi à leurs habitudes ordinaires? il l'ignorait; aujourd'hui ce n'est plus un mystère, il est facile de s'en rendre compte.

Une ouvrière, citoyenne d'un nid que d'implacables ennemis ont plusieurs fois ravagé ou que l'âge sans pitié a pris plaisir à bouleverser, se laisse gagner un matin par la peur de mourir de misère, ou d'avoir sans cesse à reconstruire une habitation incessamment détruite. Pourquoi ne pas chercher gîte ailleurs? se dit-elle. Tout en butinant, s'offre à ses regards un lieu sûr, à l'abri de tout danger. A quelque temps de là, passe une de ses compagnes : l'accoster, la flatter avec ses antennes et lui faire part de son dessein, c'est tout un ; on tombe d'accord, le voyage est accepté. Aussitôt dit, aussitôt fait, nos deux aventurières se saisissent par les mandibules, l'orateur se fait porte-balle, et, tandis qu'il se retourne pour enlever celle qu'il a gagnée par son éloquence, l'autre se roule et se suspend à son cou : les voilà partis pour le futur Eldorado. Arrivée à ce lieu fortuné, la porteuse met à terre la fourmi à laquelle elle a servi de pilote, celle-ci se déroule, retombe sur ses pattes et se fait recruteuse zélée pour la nouvelle patrie. Même manége à l'égard d'autres fourmis. D'abord, le nombre des porteuses est petit; mais, à mesure que se multiplient les pèlerinages, le nombre des recruteuses augmente en proportion. Bientôt, le sentier qui mène de l'une à l'autre cité ne désemplit pas, c'est une procession continue de porteuses chargées de leurs compagnes et de fourmis qui s'en reviennent à vide pour recruter au détriment de l'ancien nid ; le nouveau déjà est en voie de construction.

En général, les enlèvements se font de gré à gré ; les deux partenaires échangent réciproquement un jeu d'antennes sur leur tête; sans plus d'explications, l'un se pend au cou de l'autre, la porteuse l'emporte et tous deux arrivent ainsi au rendez-vous. Quelquefois, cependant, la désertion s'opère par une espèce de petite violence. Celles qui mènent l'affaire saisissent par surprise leurs compagnes dans la fourmilière même et les entraînent au dehors, sans leur laisser le temps de résister ; elles les emportent ensuite avec rapidité, sans qu'elles se débattent : la course, le grand air, la vue du nouveau domicile, calment la susceptibilité de la fourmi traitée avec un tel sans façon, elle ne tarde pas à se rendre elle-même complice du même embauchage vis-à-vis de ses autres compagnes.

Ce mode de recrutement n'existe pas chez toutes les fourmis, il se pratique avec les mêmes circonstances chez la fourmi fauve, chez l'hercule, la pubescente, la noire cendrée, la sanguine et la mineuse. Les fourmis des gazons en agissent de même, seulement elles se portent le corps en l'air et la tête en bas; les fourmis brunes et les fuligineuses n'usent pas de porteuses dans leurs émigrations, elles n'y ont recours qu'en cas de danger et uniquement vis-à-vis des larves, des nymphes et des ouvrières qui viennent d'accomplir leur dernière métamorphose.

La translation du personnel de l'ancien nid au nouveau gîte, ne s'effectue pas d'un seul coup, le recrutement est toujours l'affaire de quelques jours; les ouvrières cessent de se porter dès qu'elles sont familiarisées avec la route qui conduit à la nouvelle demeure. Cette dernière est quelquefois sujette à changements; elle ne réunit pas toujours les avantages qu'on lui avait d'abord supposés, aussi arrive-t-il qu'on la quitte pour une seconde, une troisième, et même une quatrième habitation trouvée préférable; souvent encore, après bien des tâtonnements et des essais infructueux, on revient à l'ancien foyer : le recrutement alors recommence, mais en sens inverse.

Quand la nouvelle fourmilière est très-éloignée de celle qu'on a quittée, des gîtes intermédiaires, espèces de relais, servant aussi quelquefois de places de refuge, sont pratiqués sur la route et deviennent autant de stations de repos; des sentinelles les gardent, elles en ouvrent et ferment les portes matin et soir; ces étapes subsistent temporairement à l'état de petites colonies se rattachant, par quelques liens, à la métropole.

Dès que le recrutement est en pleine activité, une partie des ouvrières se fixe sur l'emplacement de la future habitation et se met vaillamment à l'œuvre pour bâtir le nouveau domicile. Le souterrain est creusé, agrandi, déblayé; des matériaux sont charriés de toutes parts; les constructions s'élèvent comme par enchantement; cases, voûtes, salles, corridors, sont rapidement bâtis. Quand le nid est percé de nombreuses galeries, qu'il est en état d'être occupé et ne réclame plus que des perfectionnements secondaires, les ouvrières s'occupent de leur déménagement; elles transportent, à qui mieux mieux, larves, nymphes, mâles et femelles dans la nouvelle demeure; la population alors est au grand complet ; l'ancien nid est à jamais abandonné, la patrie récemment fondée n'a plus qu'à prospérer sous la triple impulsion du travail, de l'activité et de l'industrie : ainsi finissent et recommencent les fourmilières.

Les abeilles, les fourmis et bien d'autres animaux d'un ordre inférieur, attestent que la réflexion préside à leurs opérations; en remontant l'échelle des êtres, une multitude de faits déposent à l'envi en faveur de l'intelligence des bêtes.

Celle de l'éléphant qu'on a dressé, celle du castor à la fois ingénieur et architecte, sont proverbiales, n'en parlons pas. On sait avec quelle merveilleuse fidélité le chien conserve le souvenir des lieux, même lorsqu'il ne les a traversés qu'une seule fois. Il suffit qu'un cheval ait rencontré, par occasion, un gîte confortable, pour qu'il s'arrête plus tard, de lui-même, devant l'auberge hospitalière, quand bien même il ne l'aurait pas revue depuis longtemps. C'est le souvenir des dangers courus qui tient l'animal en défiance et préserve ses jours sans cesse menacés. Le renard qui a essuyé le coup de feu du chasseur ne passera jamais volontairement à portée d'un homme armé d'un fusil; il sait maintenant par expérience qu'on peut l'atteindre sans l'approcher, mais il cheminera hardiment à la distance hors des atteintes de son ennemi. S'est-il vu pris au piége? y a-t-il laissé quelque chose de sa personne, queue ou patte? c'en est fait, il évente le fer meurtrier et garde aux engins de toute espèce une telle rancune, qu'il faut imaginer d'autres embûches pour mettre son savoir en défaut. Même circonspection de la part du loup. Sa force n'y fait rien. Il a bientôt compris que l'homme lui a déclaré la guerre. Il n'a fait qu'entrevoir l'humaine engeance, mais l'impression subsiste; les cris : Au loup! Au loup! retentissent toujours à ses oreilles, les clameurs de l'attroupement lui disent toujours combien il est détesté et quel sort l'attend s'il vient à être pris, aussi jamais émanation d'homme ne frappe son odorat sans réveiller en lui l'idée d'un danger quelconque; il fuit les habitations, ne prend qu'un sommeil inquiet et se fait déprédateur nocturne. S'il a senti les étreintes d'un piége, son allure devient précautionnée, l'appât le plus séduisant lui est suspect, ses souvenirs y lisent quelque perfidie, la défiance chez lui combat la convoitise, en voilà assez pour résister à la tentation.

On s'étonne que les animaux, à peine échappés à la tutelle maternelle, accomplissent les fonctions nécessaires à leur conservation, et qu'entre plusieurs partis, ils choisissent toujours le meilleur pour arriver à leurs fins; on en conclut qu'ils exercent aveuglément une industrie innée, et que le principe de leurs actions est purement mécanique.

La réponse à ces objections est facile.

Quoi de surprenant que des êtres abandonnés à eux-mêmes, presque dès leur naissance, apprennent rapidement tout ce qu'ils doivent savoir? La durée de l'éducation n'est-elle pas en rapport constant avec la durée de la vie? Cette loi providentielle souffre bien peu d'exceptions. Les mêmes actes, l'emploi des mêmes moyens, les mêmes habitudes chez les individus d'une même espèce invoqués comme un argument à l'appui de l'automatisme des bêtes, ne prouvent qu'une chose, c'est qu'étant mues par le même principe, obéissant aux mêmes besoins, agissant pour le même but, celles-ci doivent faire les mêmes choses.

Mais s'ensuit-il qu'elles les fassent toutes fatalement de la même manière, qu'elles ne soient jamais sujettes à l'erreur, et que leurs opérations atteignent de prime saut le plus haut point de perfection? Nullement. A côté des impulsions instinctives de l'animal qui entraînent une partie de ses actes et le mènent droit à son but par une voie infaillible, il est aisé de reconnaître les tâtonnements et la maladresse du noviciat, l'impéritie du jeune âge. La plupart des nids des jeunes oiseaux sont mal façonnés et mal placés ; plus tard, l'expérience corrigeant l'ébauche, les précautions destinées à parer aux accidents révèlent un véritable progrès ; dans la maturité, le mode de faire ne laisse plus rien à désirer, le nid se transforme en chef-d'œuvre.

Par l'action répétée des sensations et l'exercice de la mémoire combinée avec la réflexion, la bête se modifie, dès lors elle est perfectible. Les services nombreux que nous tirons de nos animaux domestiques en sont une preuve irrécusable; l'éducation à laquelle nous les soumettons ne leur infuse pas notre intelligence, elle ne fait que développer leurs propres facultés en les pliant à nos volontés. A l'état de nature, cette intelligence s'étend à tous leurs besoins mais n'en franchit pas le cercle; elle passe peu à peu dans leurs habitudes, et celles-ci, une fois contractées, revêtent le caractère de l'instinct et souvent s'y confondent : voilà pourquoi il est si difficile de bien juger des mœurs des animaux sans avoir beaucoup vécu avec eux.

Chez les animaux, le développement intellectuel n'arrive pas tout d'un coup, il suit une certaine progression et marche parallèlement avec la constitution physique : des exemples sans nombre appuient cette vérité.

L'art de voler n'est pas dispensé d'apprentissage. L'oiseau de proie dont l'aile a tant de puissance, enseigne à ses petits à se lancer dans l'espace, à s'y balancer, à s'y tenir immobile, à ralentir ou à précipiter le vol, à calculer les distances et à fondre sur la victime avec l'impétuosité de la foudre : exercice plein de vertiges, qui a plus d'une fois coûté la vie à de pauvres oisillons.

Les migrations des oiseaux, au premier abord, simple affaire d'instinct où les saisons, l'état de la température et la rareté des vivres jouent un grand rôle, sont, à la fois, un legs instinctif transmis de race en race et l'objet d'un enseignement spécial.

Ainsi, les hirondelles préludent à leur départ par de fréquentes et bruyantes assemblées; évidemment, parmi elles, il y a discussion, délibération, décision. Les plus jeunes, étrangères jusque-là à tout voyage, s'y préparent quelques jours d'avance par des évolutions multipliées de vol en troupe; après maintes répétitions, le rôle bien su et l'instruction parfaite, au signal convenu, tout part, la grande armée s'envole conduite par de vieux chefs expérimentés : les trop jeunes et les infirmes sont laissés à la garde de Dieu, dans la patrie abandonnée.

Le loup, d'appétit si carnassier, n'excelle dans son métier de bourreau qu'après une forte éducation. Louveteau, sa mère lui montre où se retire la proie, comment on l'évente, on l'attaque, et comment on se dérobe aux poursuites en fuyant le nez constamment au vent, boussole toujours fidèle. Des chasses répétées fortifient sa vue, aiguisent son odorat et rectifient ses jugements nés d'une première impression. L'éducation maternelle terminée, le jeune loup doit vivre désormais de sa propre expérience; la ruse, l'industrie, l'invention, comme autant d'auxiliaires, lui viennent en aide à la suite des assauts que lui livrent la faim et les embûches de toute espèce. L'habitude du péril le familiarise avec le calcul des probabilités, il arrive de la sorte à l'âge adulte. L'amour alors se fait sentir; le mariage, la famille, en multipliant ses besoins, lui apportent de nouvelles idées et le complètent. Tant qu ils vivent en société, le loup et la louve se défendent mutuellement et chassent de concert, leurs chances de réussite sont doublées. La femelle ira au-devant du chien et se fera donner la chasse, afin que le mâle, débarrassé de cette sentinelle importune, puisse insulter le parc et ravir un mouton privé de son défenseur. S'agit-il d'attaquer une bête fauve? les rôles se divisent suivant la force de chacun. Le loup guette, attaque, poursuit et met la proie hors d'haleine; la louve, elle, postée d'avance en embuscade, la relance dans un défilé et rend bientôt la lutte inégale : une stratégie si habile, exclut, à coup sûr, toute idée d'automatisme.

Et qu'on ne croie pas que l'intelligence soit le privilége spécial de la force brutale, il n'en est rien. Le loup chassé se fie exclusivement à la vigueur de ses jarrets et à l'excellence de ses poumons; il n'use ni de feintes, ni de retours, ressources accoutumées de la faiblesse : ces ruses de guerre sont elles-mêmes le fruit de l'expérience et nullement un don inné.

Le seul instinct suffit pour mettre en fuite les animaux timides, effrayés de l'aboiement des chiens. Le cerf, dans son jeune âge, cède naturellement à cette impulsion; sa fuite, alors, est simple et dépourvue de science. Mais lorsqu'il a été poursuivi plusieurs fois, elle part d'un principe intelligent, elle se complique de tours et de détours calculés : c'est tout un système de défense.

..... Quand au bois
Le bruit des cors, celui des voix
N'a donné nul relâche à la fuyante proie,
Qu'en vain elle a mis ses efforts
A confondre et brouiller la voie,
L'animal chargé d'ans, vieux cerf, et de dix cors,
En suppose un plus jeune, et l'oblige, par force,
A présenter aux chiens une nouvelle amorce.
Que de raisonnements pour conserver ses jours !
Le retour sur ses pas, les malices, les tours,
Et le change, et cent stratagèmes [sort !]
Dignes desplus grands chefs, dignes d'un meilleur

LA FONTAINE.

Un lièvre qui n'a jamais été chassé ne sait guère se dérober à ses ennemis que par la vitesse de sa course. Les vieux ont plus d'une ruse au fond du sac. Ils savent que la chasse peut être longue. L'attaque commencée, ils ménagent leurs forces et proportionnent la célérité de leur fuite à la vigueur de la poursuite. Ils évitent les bois où leur fumet les trahirait plus facilement et où les chiens se montrent plus ardents et plus tenaces. Après s'être engagés en plaine, ils gagnent les chemins, reviennent sur leurs pas, s'enfoncent dans une haie, se jettent de côté par plusieurs bonds consécutifs, délogent, chemin faisant, le lièvre qu'ils rencontrent au gîte, prennent sa place, et, finalement déroutent bêtes et gens par mille ruses de plus en plus compliquées. Est-ce l'instinct seul qui les leur dicte? assurément, non : elles sont le résultat d'observations multiples, comparées, appliquées, sanctionnées par l'expérience.

Il n'est pas jusqu'aux lapins eux-mêmes, ces têtes à l'évent, qui ne fournissent des preuves répétées d'intelligence dans leur vie terre à terre, où les banquets et le sommeil occupent une si large place. Lorsque la troupe matinale, quittant sa retraite, s'en va faire sa cour à l'aurore, les vieux lapins que l'âge et l'expérience ont blanchis partagent toujours leur attention entre l'herbe tendre et la crainte du danger.

> L'œil éveillé, l'oreille au guet,

ils veillent au salut de la famille. Quelque bruit insolite se fait-il entendre? De leurs pattes de derrière, ils sonnent l'alarme, et ce tocsin se répercute jusqu'au fond du terrier.

> Le bruit du coup fait que la bande
> S'en va chercher sa sûreté
> Dans la souterraine cité.
>
> LA FONTAINE.

Si, par hasard, quelque jeune écervelé fait la sourde oreille à ce premier avertissement, les doyens, au risque de leur vie, répètent le signal de la fuite, ils ne quittent leur poste, que lórsque les imprudents ont plongé dans leur trou.

Les animaux sont si peu rivés à une invincible fatalité dans la plupart de leurs actions, qu'on les voit modifier celles de leurs habitudes qui semblent comporter le moins de changements : les heures de leurs repas ne sont pas toujours les mêmes. Tout animal qui relève à certaines heures pour manger, y demeure fidèle, « non pas, » dit Le Roy, « comme une horloge qui sonne les heures, mais avec les modifications que les circonstances de la saison ou même de la journée peuvent apporter dans la volonté d'un être sensible. »

En septembre, quand la terre est dépouillée des récoltes de grains, les faisans vivent en troupes dans les remises ; ils s'en vont au gagnage, une première fois au lever du soleil, pour rentrer au bois lorsqu'ils sont repus et que la chaleur rend incommode le séjour en plaine ; une seconde fois, entre cinq et six heures du soir : ils mangent alors jusqu'à la nuit et regagnent la futaie pour y percher. A partir de la mi-octobre, quand la nourriture devient rare et les jours diminuent, ils ne descendent plus en plaine qu'une fois par jour, sur les dix heures du matin, leur repas se prolonge jusqu'au coucher du soleil : des habitudes calculées sur la mesure du temps, variant d'après les circonstances, certes, ne caractérisent pas des êtres automatiques.

Les faisans ne sont pas les seuls qui comptent les intervalles du temps, les perdrix rouges en agissent de même : tout chasseur expérimenté sait à quelles heures il doit les chercher sous bois ou dans la plaine.

Des habitudes analogues se remarquent chez le lapin. En été, il sort ordinairement de son terrier un peu avant le coucher du soleil, rôde et batifole toute la nuit, et relève encore vers huit ou neuf heures du matin, quand le temps est frais. Les lapins sont-ils dehors, en grand nombre, dès trois heures de l'après-midi? mangent-ils avec avidité, sans préoccupation du danger? c'est signe qu'il pleuvera dans la soirée ou la nuit : le baromètre le plus sûr ne parle pas plus exactement. Qui donc donne aux lapins cette prescience de l'avenir, cette prévoyance accidentelle? si non l'expérience d'une sensation déjà éprouvée qui réagit sur le présent. Le mulot, le campagnol et d'autres rongeurs de la pire espèce, font également preuve de prudence réfléchie en s'approvisionnant contre la disette : où donc, en eux, l'automatisme?

Refuser aux bêtes la pensée, les circonscrire dans

leur existence actuelle, leur enlever toute notion du temps, de l'avenir aussi bien que du passé, et, tout en leur accordant des sensations, leur dénier la faculté de les comparer, n'est-ce pas méconnaître leurs mœurs et substituer à la réalité les illusions d'une théorie systématique?

Il ne faut pas l'oublier, les animaux atteignent leur but par des moyens peu compliqués, en rapport avec leurs besoins toujours simples et limités. Le soin de la sûreté personnelle dont la prudence est la sauvegarde, la faim, mère de l'industrie et de la prévoyance, l'attraction réciproque des deux sexes, d'où naissent la tendresse et le dévouement pour les petits, résument les passions fondamentales de l'animal, ses autres énergies en découlent comme de leur source naturelle.

En résumé, malgré l'autorité de Descartes, les bêtes ont des sensations comme nous. L'anxiété et le courage de la poule à l'aspect de l'oiseau de proie qui menace sa couvée, la joie expansive du chien à la vue de son maître, la crainte qui le prosterne à ses pieds, en disent plus, à cet égard, que toutes les disputes des philosophes; et, tandis que le plaisir ou la douleur donne à l'animal le sentiment de son existence actuelle, il lui imprime, en même temps, la conscience de son existence passée : la sensation du moment, celle qu'elle lui rappelle, stimule son désir ou éveille ses craintes, et, par suite, détermine ses actions.

La sensation admise, nulle difficulté à reconnaître que l'animal réfléchit, compare, décide et fait acte d'intelligence; il passe journellement par une série d'émotions plus ou moins vives; elles accroissent la somme de ses connaissances acquises, la mémoire les lui garde en dépôt comme autant d'expédients à son service :

> L'animal n'a besoin que d'elle.
>
> LA FONTAINE.

FIN.

TABLE DES MATIÈRES.

Pages.

BIBLIOTHÈQUE PUBLIQUE (MONTBÉLIARD)

FIN DE LA TABLE DES MATIÈRES.

PARIS. — IMPRIMERIE DE CH. LAHURE ET Cie
Rue de Fleurus, 9

www.ingramcontent.com/pod-product-compliance
Ingram Content Group UK Ltd.
Pitfield, Milton Keynes, MK11 3LW, UK
UKHW020308230726
13925UKWH00001B/280